I0100175

La sororidad:
un pacto entre mujeres.

Autoras:

Dra. Lizbeth Gabriela Corral Limas.

M.A. Alma Yolanda Morales Corral.

La sororidad: un pacto entre mujeres.
Dra. Lizbeth Gabriela Corral Limas.
M.A. Alma Yolanda Morales Corral.

ISBN: 978-1-948150-58-3

DEDICATORIA

Para todas las mujeres sororas, respetuosas, íntegras, empáticas, leales a otras mujeres, que ven más allá de sus intereses, y que se esfuerzan cada día para vivir en un mundo mejor.

Dra. Lizbeth Gabriela Corral Limas.

La sororidad: un pacto entre mujeres.

Dra. Lizbeth Gabriela Corral Limas.

M.A. Alma Yolanda Morales Corral.

La sororidad: un pacto entre mujeres.
Dra. Lizbeth Gabriela Corral Limas.
M.A. Alma Yolanda Morales Corral.

CONTENIDO

La sororidad: un pacto entre mujeres.

Dra. Lizbeth Gabriela Corral Limas.

M.A. Alma Yolanda Morales Corral.

AGRADECIMIENTOS

A nuestras familias, por su apoyo y amor incondicional.

A quienes han coincidido con nosotras en nuestras trayectorias profesionales, y que nos han permitido compartir experiencias maravillosas y adquirir conocimientos enriquecedores.

A las mujeres que viven la sororidad y luchan cada día.

Lizbeth Gabriela y Alma Yolanda.

P R Ó L O G O

Hay una frase que dice "el peor enemigo de una mujer, es otra mujer", sin embargo, eso, afortunadamente, ha ido cambiando.

A falta de un concepto que reflejara lo contrario a dicha frase, surge el neologismo de "sororidad", convirtiéndose en una palabra clave para este nuevo momento que viven las mujeres, con respecto a otras mujeres.

Definitivamente, si como sociedad queremos que las condiciones para las mujeres continúen cambiando para bien, tenemos que hacer las cosas distintas a como se hicieron en el pasado, dejar de lado todas las prácticas de abuso en su contra y procurar las plataformas que las impulsen, les respeten y les permitan desarrollarse.

Es un hecho que, el camino para alcanzar el éxito en cuanto a la lucha de las mujeres, es de inicio, que se apoyen unas a otras, es decir, que las mujeres sean el primer soporte de sus iguales.

En esta obra se abordan algunos de los aspectos más relevantes sobre el concepto de la sororidad, entendida como un pacto entre mujeres y para mujeres, y cómo está impactando a la sociedad en los diversos ámbitos, porque… YA SON TIEMPOS DE SORORIDAD.

Dra. Lizbeth Gabriela Corral Limas.

La sororidad: un pacto entre mujeres.

Dra. Lizbeth Gabriela Corral Limas.

M.A. Alma Yolanda Morales Corral.

La sororidad: un pacto entre mujeres.
Dra. Lizbeth Gabriela Corral Limas.
M.A. Alma Yolanda Morales Corral.

CAPÍTULO 1

EL FEMINISMO, ANTECEDENTE DE LA SORORIDAD

*"Que las mujeres sean independientes y peleen por ellas.
Es tiempo de pelear".*

Malala Yousafzai

Es impensable hablar sobre mujeres que han luchado por sus derechos y no mencionar a la feminista francesa Olympe de Gouges, quien a pesar de la época en que vivió, alzó la voz de una manera extraordinaria.

"Con el nombre original de Marie Gouzes, nace en Montauban, Francia en 1748. De origen humilde, su padre era carnicero; a su madre se le criticaba por ser la amante de un noble, al grado que circulaban rumores sobre la paternidad de su hija, a quien consideraban incluso "bastarda de Luis XV", a lo que, Olympe respondía: "-¡Yo no soy hija de Rey, sino de una cabeza coronada de laureles¡, Olympe siempre supo que su padre era un noble." (Ramírez, 2015)

De acuerdo a la mayoría de los autores, Olympe era considerada como hija natural del Marqués de Pompignan, y queda claro que su origen "ilegítimo" fue un tema que la marcó desde muy joven, pues siempre le reprochó el no reconocerla, y eso fue un detonante para luchar contra la desigualdad hacia las mujeres.

"En 1765 su familia decide casarla con un vendedor, con quien tiene un hijo. El esposo, Louis Aubry, oficial de la "Bouche de Messier de Gouges" muere poco tiempo después. Olympe se une entonces a un comerciante, quien la lleva a París y le ofrece ampliamente los medios para vivir." (Ramírez, 2015)

"Mujer sin oportunidades, como todas las mujeres de su época, fue siempre marginada por su origen, su clase, su cultura y su sexo. Olympe, sin embargo, buscó abrir caminos para ejercer sus derechos e iniciar nuevos debates." (Ramírez, 2015)

"Autodidacta, mujer de gran creatividad, belleza y coraje, forma parte de quienes son llamadas "heroínas del feminismo revolucionario", quienes a su manera, desearon intervenir en los sucesos de su época, mujeres que tomaron conciencia de la exclusión y la opresión, que levantaron la voz para exigir un papel más digno en la sociedad. Olympe es considerada en la actualidad como una destacada humanista y feminista del fin del siglo XVIII." (Ramírez, 2015)

"Olympe de Gouges era una mujer espiritual y generosa para algunos, inquieta e insolente para otros. Se dice que, para ella, todo era posible con un poco de voluntad. Sin embargo, por sus obras de teatro, escritos, discursos y sus acciones, Olympe era una anarquista sin bando. Como todas las mujeres de su época, Olympe había sido excluida de todo aprendizaje y educación: al principio dictaba sus obras pues no sabía escribir, después se convirtió en "una mujer de letras". Su deseo de ser célebre y su originalidad la llevaron a componer su propio nombre a partir del de su madre y del apellido "Gourges", hasta darse a conocer con el nombre de Olympe de Gouges." (Ramírez, 2015)

"En 1791, Olympe publica, según algunas autoras feministas, su obra más radical: "La Declaración de los derechos de la mujer y la ciudadana", donde reclama la igualdad de sexos y solicita que ésta se extienda a los hombres de color. Para Olympe, la mujer debía quitarse la opresión de los hombres, tener un papel político diferente, puestos públicos iguales, etc. Sostenía que "si la mujer tiene el derecho de subir al patíbulo, debe tener el derecho de subir a la tribuna" (artículo 10 de su Declaración). Posteriormente le tocará, precisamente con su cabeza, demostrar a qué punto tenía razón. Reclamaba también el reconocimiento de la paternidad… Que ella nunca logró de su propio padre. Olympe es considerada como representante del feminismo radical de su época. En 1789 Olympe sufre un atentado." (Ramírez, 2015)

"En 1793 es atacada en las calles de París. En este tiempo, la prisión, los malos tratos, los castigos, son actos cotidianos. Olympe, como muchas otras mujeres de su época, enfrentaban las amenazas con dignidad y entereza, en más de una ocasión, dijo estar lista para morir por la Patria y la Paz. Así prepara su "Testamento político" y lo da a conocer: "…lego mi corazón a la Patria, mi probidad a los hombres (tienen buena necesidad); mi alma a las mujeres, no les hago un don indiferente; mi genio creador a los autores dramáticos… y las cosas que quedan de una fortuna honesta, a mi heredero natural, mi hijo, en caso de que sobreviva". Se dice que éste último recibe el testamento con indiferencia, e incluso, con malestar, dado que "por la pluma imprudente de su madre" se ve obligado a dejar su trabajo de ingeniero con el Duque de Orleans. El 20 de julio de 1793, Olympe es detenida. Acusada de conspirar contra la República, única e indivisible, en su última pieza de teatro llamada: "Las tres urnas o La Salud de la Patria por un viajero aéreo", Olympe propone la organización de un plebiscito. Los ciudadanos deberían dar su voto para escoger entre el gobierno republicano, el federal o la monarquía. La Constitución había sido votada y esto, para la clase en el poder, constituía una provocación, mientras que para Olympe era "la esperanza de evitar la guerra civil". (Ramírez, 2015)

"Olympe estuvo varios meses en prisión, se dijo embarazada para impedir su ejecución, pero finalmente es condenada a la guillotina el 3 de noviembre de 1793. Su verdugo contó que solicitó un espejo y aspirar, antes de morir, un ramo de violetas. Sus últimas palabras fueron: "¿Fatal deseo de la renombrada Olympe, por qué yo quise ser alguna cosa?" (Ramírez, 2015)

OLYMPE Y LA PERSPECTIVA DE GÉNERO

"Olympe de Gouges al re-escribir la Declaración de los Derechos del Hombre y del Ciudadano, de 1789, exigía también los derechos a las mujeres y aunque nunca habló de perspectiva de género, ¿Podemos decir que la integró en sus demandas?" (Ramírez, 2015)

"La perspectiva de género, es una manera de interpretar el mundo desde una mirada holística. Es una construcción social que representa una nueva forma de concebir a la humanidad

7

desde la integralidad y la indivisibilidad de los derechos humanos, pero también desde la lucha de las mujeres que buscan construir nuevas relaciones entre hombre y mujeres para construir un mundo con rostro humano. Olympe fue sin duda una precursora prematura de la categoría de género, pero su lucha fue la defensa de los derechos políticos de las mujeres, nunca la concibió no teorizó al respecto. Ella fue una mujer de letras y de lucha, el concepto de perspectiva de género emerge como tal hasta el siglo XX." (Ramírez, 2015)

"Esta perspectiva de género está basada en la teoría de género y se inscribe en el paradigma teórico-histórico-crítico y en paradigma cultural del feminismo" señala Marcela Lagarde6 , quien sostiene que "esta perspectiva deriva de la concepción feminista del mundo y de la vida... se estructura a partir de la ética y conduce a una filosofía posthumanista por su crítica de la concepción androcéntrica de la humanidad que dejó fuera la mitad del género humanos: las mujeres... tiene como uno de sus fines contribuir a la construcción subjetiva y social de la nueva configuración a partir de la resignificación de la historia, la sociedad, la cultura y la política desde las mujeres y con las mujeres... reconoce la diversidad de géneros y la existencia de mujeres y hombres, como principio esencial de la construcción de una humanidad diversa de géneros y la existencia de mujeres y hombres, como principio esencial de la construcción de una humanidad diversa y democrática... permite analizar y comprender las características que definen a las mujeres y a los hombres de manera específica, así como sus semejanzas y diferencias. Esta perspectiva de género analiza las posibilidades vitales de las mujeres y los hombres: el sentido de sus vidas, sus expectativas y oportunidades, las complejas y diversas relaciones sociales que se dan entre ambos géneros, así como los conflictos institucionales cotidianos que deben enfrentar y las maneras en que lo hacen... La mirada a través de la perspectiva de género nombra de otras maneras a cosas entre los géneros y con ello, la vida cotidiana, las relaciones, los roles y los estatutos de mujeres y hombres. Abarca de manera perspectiva de género exige además nuevos conocimientos"..." (Ramírez, 2015)

LA DECLARACIÓN DE LOS DERECHOS DE LA MUJER Y DE LA CIUDADANA

"La Declaración de los Derechos de la Mujer y de la Ciudadana (en francés *Déclaration des Droits de la Femme et de la Citoyenne*) es un texto redactado en 1791 por Olympe de Gouges1 2 parafraseando la Declaración de Derechos del Hombre y del Ciudadano del 26 de agosto de 1789, el texto fundamental de la revolución francesa. Es uno de los primeros documentos históricos que propone la emancipación femenina en el sentido de la igualdad de derechos o la equiparación jurídica y legal de las mujeres en relación a los varones." (Observadores de Derechos Humanos, 2019)

"1 - La mujer nace libre y permanece igual al hombre en derechos. Las distinciones sociales sólo pueden estar fundadas en la utilidad común." (Observadores de Derechos Humanos, 2019)

"2 - El objetivo de toda asociación política es la conservación de los derechos naturales e imprescriptibles de la Mujer y del Hombre; estos derechos son la libertad, la propiedad, la seguridad y, sobre todo, la resistencia a la opresión." (Observadores de Derechos Humanos, 2019)

"3 - El principio de toda soberanía reside esencialmente en la Nación que no es más que la reunión de la Mujer y el Hombre: ningún cuerpo, ningún individuo, puede ejercer autoridad que no emane de ellos." (Observadores de Derechos Humanos, 2019)

"4 - La libertad y la justicia consisten en devolver todo lo que pertenece a los otros; así, el ejercicio de los derechos naturales de la mujer sólo tiene por límites la tiranía perpetua que el hombre le opone; estos límites deben ser corregidos por las leyes de la naturaleza y de la razón." (Observadores de Derechos Humanos, 2019)

"5 - Las leyes de la naturaleza y de la razón prohíben todas las acciones perjudiciales para la Sociedad: todo lo que no esté prohibido por estas leyes, prudentes y divinas, no puede ser impedido y nadie puede ser obligado a hacer lo que ellas no ordenan." (Observadores de Derechos Humanos, 2019)

"6 - La ley debe ser la expresión de la voluntad general; todas las Ciudadanas y Ciudadanos deben participar en su formación personalmente o por medio de sus representantes. Debe ser la misma para todos; todas las ciudadanas y todos los ciudadanos, por ser iguales a sus ojos, deben ser igualmente admisibles a todas las dignidades, puestos y empleos públicos, según sus capacidades y sin más distinción que la de sus virtudes y sus talentos." (Observadores de Derechos Humanos, 2019)

"7 - Ninguna mujer se halla eximida de ser acusada, detenida y encarcelada en los casos determinados por la Ley. Las mujeres obedecen como los hombres a esta Ley rigurosa." (Observadores de Derechos Humanos, 2019)

"8 - La Ley sólo debe establecer penas estrictas y evidentemente necesarias y nadie puede ser castigado más que en virtud de una Ley establecida y promulgada anteriormente al delito y legalmente aplicada a las mujeres." (Observadores de Derechos Humanos, 2019)

"9 - Sobre toda mujer que haya sido declarada culpable caerá todo el rigor de la Ley." (Observadores de Derechos Humanos, 2019)

"10 - Nadie debe ser molestado por sus opiniones incluso fundamentales; si la mujer tiene el derecho de subir al cadalso, debe tener también igualmente el de subir a la Tribuna con tal que sus manifestaciones no alteren el orden público establecido por la Ley." (Observadores de Derechos Humanos, 2019)

"11 - La libre comunicación de los pensamientos y de las opiniones es uno de los derechos más preciosos de la mujer, puesto que esta libertad asegura la legitimidad de los padres con relación a los hijos. Toda ciudadana puede, pues, decir libremente, soy madre de un hijo que os pertenece, sin que un prejuicio bárbaro la fuerce a disimular la verdad; con la salvedad de responder por el abuso de esta libertad en los casos determinados por la Ley." (Observadores de Derechos Humanos, 2019)

"12 - La garantía de los derechos de la mujer y de la ciudadana implica una utilidad mayor; esta garantía debe ser instituida para ventaja de todos y no para utilidad particular de aquellas a quienes es confiada." (Observadores de Derechos Humanos, 2019)

"13 - Para el mantenimiento de la fuerza pública y para los gastos de administración, las contribuciones de la mujer y del hombre son las mismas; ella participa en todas las prestaciones personales, en todas las tareas penosas, por lo tanto, debe participar en la distribución de los puestos, empleos, cargos, dignidades y otras actividades." (Observadores de Derechos Humanos, 2019)

"14 - Las Ciudadanas y Ciudadanos tienen el derecho de comprobar, por sí mismos o por medio de sus representantes, la necesidad de la contribución pública. Las Ciudadanas únicamente pueden aprobarla si se admite un reparto igual, no sólo en la fortuna sino también en la administración pública, y si determinan la cuota, la base tributaria, la recaudación y la duración del impuesto." (Observadores de Derechos Humanos, 2019)

"15 - La masa de las mujeres, agrupada con la de los hombres para la contribución, tiene el derecho de pedir cuentas de su administración a todo agente público." (Observadores de Derechos Humanos, 2019)

La sororidad: un pacto entre mujeres.

Dra. Lizbeth Gabriela Corral Limas.

M.A. Alma Yolanda Morales Corral.

"16 - Toda sociedad en la que la garantía de los derechos no esté asegurada, ni la separación de los poderes determinada, no tiene constitución; la constitución es nula si la mayoría de los individuos que componen la Nación no ha cooperado en su redacción." (Observadores de Derechos Humanos, 2019)

"17 - Las propiedades pertenecen a todos los sexos reunidos o separados; son, para cada uno, un derecho inviolable y sagrado; nadie puede ser privado de ella como verdadero patrimonio de la naturaleza a no ser que la necesidad pública, legalmente constatada, lo exija de manera evidente y bajo la condición de una justa y previa indemnización." (Observadores de Derechos Humanos, 2019)

"La "Declaración de los Derechos de la Mujer y la Ciudadana", constituye por sí misma un alegato brillante y radical en favor de las reivindicaciones femeninas y una proclama auténtica de la universalización de los derechos humanos." (Observadores de Derechos Humanos, 2019)

"La sororidad es una forma contemporánea de ver el feminismo que ha sufrido bastantes críticas debido a su inflexibilidad e intolerancia que irónicamente se encuentran presentes también en el machismo." (CONGRESO DEL ESTADO DE VERACRUZ, s.f.)

CAPÍTULO 2

EL ORIGEN DE LA SORORIDAD

> *"Nuestra mejor arma es la SORORIDAD".*
>
> *Feminismo Ilustrado*

En años recientes se comenzó a escuchar el término sororidad entre los círculos feministas y de defensa de las mujeres, sin embargo, muchos desconocen su origen, antecedentes y significado, por lo cual, lo primero que abordaremos será la pregunta: ¿Quién inventó la palabra sororidad?.

"La autora feminista Kate Millet utilizó en los años 70 la palabra inglesa "sisterhood", de donde proviene sororidad. El libro Política Sexual de Kate Miller siempre fue un buen referente del feminismo de la segunda ola." (El feminismo , s.f.)

"En el año 2016 la Fundación del Español Urgente (Fundéu) calificó el término sororidad como válido, pero no sería hasta el pasado 2018 que la Real Academia Española (RAE) lo incluiría en su diccionario, pero, ¿Qué es sororidad?." (AGENCIA CUBANA DE NOTICIAS, 2019)

"En tanto sororidad es la hermandad entre mujeres. Este término fue acuñado por Miguel de Unamo en 1921, ante la necesidad

14

de emplear un vocablo con significado similar al de fraternidad, para referirse a las hermanas, ya que fraternidad se deriva del latín frater (hermano)." (AGENCIA CUBANA DE NOTICIAS, 2019)

"Este neologismo empleado como solidaridad entre mujeres contra la discriminación sexual fue también utilizado por la autora Marcela Lagarde, reconociendo que lo había leído en francés como *'sororité'* y, en inglés como *'sisterhood'.*" (El feminismo , s.f.)

"De acuerdo con Marcela Lagarde, en un texto sobre cultura feminista, las francesas, como Gisele Halimi, llaman a esta nueva relación entre las mujeres sororité, del latín sor, cuyo significado es hermana. Las italianas dicen sororitá, y las feministas de habla inglesa la llaman sisterhood." (CONGRESO DEL ESTADO DE VERACRUZ, s.f.)

Una definición clara de sororidad es la de Marcela Lagarde, quien la conceptualiza como "una dimension ética, política y práctica del feminismo contemporáneo. Es una experiencia de las mujeres que conduce a la búsqueda de relaciones positivas y la alianza existencial y política, cuerpo a cuerpo, subjetividad a subjetividad con otras mujeres, para contribuir con acciones específicas a la eliminación social de todas formas de opresión y al apoyo mutuo para lograr el poderío genérico de todas y el empoderamiento vital de cada mujer". (Lagarde, s.f.)

Otra definición más, es la planteada por la Mtra. Ivon Aidé

Guerrero Ceballos, Directora de la Escuela de Psicología de CETYS Universidad Campus Mexicali: "La Sororidad trata de la solidaridad entre mujeres, es decir, de la capacidad de brindarnos apoyo mutuamente a pesar de las diferencias que puedan existir entre nosotras". Además planteó que "El objetivo primordial de la sororidad es reconocer el valor y la aportación de cada mujer desde el rol que ejerce, potencializando las coincidencias y minimizando las diferencias". (CETYS CAMPUS MEXICALI, 2021)

"Qué sería de las mujeres sin el aliento y el apoyo en situaciones de crisis que son tantas. No habríamos sobrevivido a los avatares de la vida sin otras mujeres conocidas y desconocidas, próximas o distantes en el tiempo y en la tierra. Los índices de Desarrollo Humano con los que medimos la situación de género, el desarrollo y el poder de las mujeres no incluyen todavía el registro de lo que para la antropología es el tejido social cuyas diversas tramas y urdimbres nos sostienen. En él, las mujeres tenemos un peso extraordinario al tejer y sostener las relaciones de parentesco y familiares, las conyugales, amorosas y de amistad, el trabajo y las actividades económicas, al crear en la esfera de la cultura, en ámbitos científicos e intelectuales, y desde luego a través de la participación social y política, la espiritualidad y la práctica de la solidaridad. Los enormes afanes por alcanzar la buena vida y por arribar a la justicia en el mundo han tenido en las mujeres protagonistas conmovedoras." (Lagarde, s.f.)

"Cuántas madres han sido figuras fundantes, transmisoras de

nuestra lengua y con ella de los cimientos de nuestra visión del mundo, y coautoras de nuestra identidad. Cuántas han sido sostén de sus hijas a lo largo de la vida. Qué mujer no ha tenido el apoyo cómplice o lo ha dado a alguna hermana, tía y prima, suegra y cuñada. Desde el entendimiento o el conflicto las parientas se han apoyado en el día a día. Qué decir de las abuelas y las nietas en mágicos encuentros generacionales y de las hijas que en las vueltas de la vida acaban siendo madres de sus madres. Y las amigas, las compañeras y las colegas que acompañan a otras en riesgo por infinidad de cosas. Las mujeres que nos han curado y cuidado, las que nos han enseñado el mundo, con íntima cercanía por encima de los tabúes y normas sociales." (Lagarde, s.f.)

"Qué habría sido de las mujeres en el patriarcado sin el entramado de mujeres alrededor, a un lado, atrás de una, adelante, guiando el camino, aguantando juntas. ¿Qué sería de nosotras sin nuestras amigas? ¿Qué sería de las mujeres sin el amor de las mujeres?." (Lagarde, s.f.)

CAPÍTULO 3

¿QUÉ ES LA SORORIDAD?

*La competencia entre las mujeres es el
primer triunfo del patriarcado,
mejor probemos la sororidad.*

Onda Feminista

"De acuerdo a la Real Academia Española (RAE), sororidad es la relación de solidaridad entre las mujeres, especialmente en la lucha por su empoderamiento." (REAL ACADEMIA ESPAÑOLA, 2022).

"El término sororidad se refiere a la hermandad entre mujeres con respecto a las cuestiones sociales de género. Sororidad es un término derivado del latín *soror* que significa hermana. Es un neologismo empleado para hacer mención a la solidaridad que existe entre mujeres, especialmente, en las sociedades patriarcales". (Chen, 2019)

"El concepto sororidad está siendo usado cada vez más en los temas relacionados a los problemas de género como, por ejemplo, la lucha por la desigualdad de género, la campaña "Ni una menos", el feminismo, cambios para erradicar el machismo, entre otros aspectos." (Chen, 2019)

La sororidad: un pacto entre mujeres.

Dra. Lizbeth Gabriela Corral Limas.

M.A. Alma Yolanda Morales Corral.

"La sororidad se refiere al apoyo, coexistencia y solidaridad entre las mujeres frente a los problemas sociales que se presentan en sociedad. La sororidad es un valor, como la fraternidad, pero vinculada a la unión, respeto y amor entre el género femenino." (Chen, 2019)

"El término sororidad empezó a ser acuñado en el área de las ciencias sociales para conceptualizar la necesidad de la creación de vínculos y alianzas naturales entre las mujeres con el fin de eliminar las opresiones sociales que las afectan como, por ejemplo, el patriarcado." (Chen, 2019)

"La sororidad es una forma contemporánea de ver el feminismo que ha sufrido bastantes críticas debido a su inflexibilidad e intolerancia que irónicamente se encuentran presentes también en el machismo." (Chen, 2019)

"La sororidad es una nueva forma de encarar los problemas sociales mediante una relación más íntima y comprensiva entre mujeres creando así el empoderamiento del género femenino en la sociedad actual." (Chen, 2019)

"La sororidad debe ser interseccional. No sólo defender una hermandad deb mujeres blancas de clase media. Hay que defender una hermandad que refleje la diversidad racial y de clase desde una perspectiva de diversidad y de universalidad feminista." (El feminismo, s.f.)

La sororidad: un pacto entre mujeres.
Dra. Lizbeth Gabriela Corral Limas.
M.A. Alma Yolanda Morales Corral.

EJEMPLOS DE SORORIDAD

"Si quieres saber qué es una persona sorora, sigue estos ejemplos de solidaridad femenina:

1.   Ayudar a otras mujeres a salir de la violencia de género.
2.   Ayudar a otras mujeres a sentirse bien con su cuerpo.
3.   Ayudar a otras mujeres a alcanzar la independencia económica.
4.   Ayudar a otras mujeres a romper el techo de cristal.
5.   Ayudar a otras mujeres a luchar por la causa feminista."
      (El feminismo, s.f.)

DIMENSIONES DE LA SORORIDAD

"Marcela Lagarde defiende que la sororidad tiene tres dimensiones":

"1. Dimensión ética: Es una experiencia de las mujeres que conduce a la búsqueda de relaciones positivas, saber escuchar a otras mujeres, complicidad, empatía , prestar ayuda, colaborar con la solución de sus problemas. (El feminismo , s.f.)
"2. Dimensión política: la alianza existencial se traduce en movimiento político de liberación feminista de eliminación social de todas las formas de opresión en busca de la igualdad y la equidad." (El feminismo , s.f.)

"3. Dimensión práctica: apoyo mutuo para lograr el poderío genérico de todas y al empoderamiento vital de cada mujer. Esta acepción, se relaciona con el concepto de *affidamento*, acuñado por el Colectivo de la Librería de Mujeres de Milán." (El feminismo, s.f.)

LOS DIEZ MANDAMIENTOS DE LA SORORIDAD

"¿Cómo ser sororas? Sigue estos tips o mandamientos para saber cómo practicar la sororidad:"

1. "Utiliza el apoyo mutuo entre mujeres por encima de todas las cosas."

2. "Participa en la lucha feminista."

3. "Convierte a tus congéneres en aliadas para que no quede ninguna mujeres sin sororidad."

4. "Escucha sin interrumpir."

5. "Rechaza toda violencia lingüistica: basta de insultos sobre el físico, basta de utilizar el término «puta» como insulto dirigido a otras mujeres."

6. "No juzgues a nadie por estándares de belleza heteronormativos."

7. "Denuncia toda violencia machista."

8. "No culpes a quienes son víctimas del sistema patriarcal."

9. "Apoya toda feminidad inclusiva no machista."

10. "Critica el refranero popular machista." (El feminismo, s.f.)

La sororidad: un pacto entre mujeres.
Dra. Lizbeth Gabriela Corral Limas.
M.A. Alma Yolanda Morales Corral.

¿CÓMO PUEDO SER SORORA?

"La sororidad es reconocermos de manera recíproca, nos identificamos como diversas, pero también como pares. Es percibirse como iguales para aliarse y transformar su realidad. Es hermandad entre mujeres; es consideración y empatía." (Redacción El Ancasti, 2021)

¿Cómo ponerla en práctica?

* "Generemos una redes con nuestras amigas, compañeras o vecinas; mantengámonos en comunicación, por cualquier necesidad; tengamos planes de contingencia."
* "No califiquemos a otras como por la apariencia física, valorémonos por lo que realmente somos como personas."
* "No justifiquemos el acoso o la violencia hacia otras mujeres, ni dudemos de sus testimonios. Prohibido decir "ella se lo buscó".
* "Elijamos ser puente para que otra mujer cumpla sus objetivos."
* "Dejemos de criticarnos la una a la otra. Pongamos la energía en lo positivo; destáquenos lo bueno y lindo qué hay en el otro ser."
* "Prohibido envidiar. Permitido admirar. No reforzamos estereotipos patriarcales."
* "No tratemos a otras de "tontas", "huecas"; dejemos de lado nuestras disputas banales.
* "Seamos esa persona que nuestras amigas llamarían sin importar el problema que tuvieran."

La sororidad: un pacto entre mujeres.

Dra. Lizbeth Gabriela Corral Limas.

M.A. Alma Yolanda Morales Corral.

* "Seamos amables y generosas con las demás, principalmente con las mujeres de nuestra familia."

* "Todos los días nos hagamos la pregunta: ¿A qué mujer vas a impulsar hoy?." (Redacción El Ancasti, 2021)

La comunicadora ecuatoriana, María Cristina Maggi Gordon, en su artículo: Sororidad: Nos enseñaron a ser rivales, pero decidimos ser aliadas, plantea los siguientes puntos para ser sororas.

"¿Cómo ser sororas?"

- "Dejemos de criticarnos la una a la otra por la ropa que llevamos, el maquillaje que usamos (o no), el corte de cabello que tenemos, cada quién tiene derecho a elegir su expresión estética ¿no?."

- "Basta de juzgar el cuerpo de las otras por estándares de belleza que no atienden a nuestras realidades, motivemos el amor por nosotras mismas. No califiquemos a otras como "fea", "gorda", "superficial", valorémonos por lo que realmente somos."

- "Basta de decirnos "putas", por decidir sobre nuestra propia vida sexual. Respetemos el derecho de cada una a elegir sobre su cuerpo."

- "Paremos de juzgar a las mujeres que deciden no ser madres, o que ejercen su maternidad de formas no convencionales, no critiques sus decisiones reproductivas o familiares."

- "Respetemos las relaciones sentimentales de otras mujeres, decidamos no entrometernos ni ser cómplices o partícipes de que alguna mujer sea engañada o humillada."

- "Nunca asumas que una mujer está en puestos de poder por favores sexuales, nunca iniciemos rumores en contra de nosotras."

- "Si ves que alguna mujer es víctima de violencia en cualquier escenario, ¡intervén!, bríndale apoyo comunicándote con las autoridades respectivas."

- "No critiquemos a aquellas mujeres que siguen alienadas y contribuyen al machismo, recordemos que es un problema sistémico, ayudémonos a aprender y a crecer de manera constructiva."

- "Paremos de juzgar a las mujeres que dan de lactar en espacios públicos, una madre tiene derecho a ofrecer el pecho a su niña/o donde quiera que estén."

- "Apoyemos también a las otras feminidades, su lucha por la inclusión y la no discriminación también es nuestra."

- "Dejemos de usar frases como «juegas como nena», «lloras como niña», ¿desde cuándo ser nena, niña o mujer se convirtió en un insulto?, desnaturalicemos estos discursos." (Maggi, 2017)

La sororidad: un pacto entre mujeres.

Dra. Lizbeth Gabriela Corral Limas.

M.A. Alma Yolanda Morales Corral.

"Hemos crecido bajo la idea de que las principales enemigas de las mujeres son otras mujeres. Lo vemos en los cuentos de hadas, en las películas, en las novelas. El resultado es casi siempre el mismo: mujeres villanas que atacan y sabotean a otras mujeres". (Maggi, 2017)

"Por si no nos bastara, hemos traspolado este concepto a nuestra vida cotidiana. Aprendemos a ponerlo en práctica desde pequeñas: nos criticamos, nos juzgamos, nos atacamos. ¡Qué equivocadas estamos!". (Maggi, 2017)

"Ni nuestras madres, ni nuestras abuelas, ni nuestras maestras nos hablaron nunca de la Sororidad, y no podemos culparlas, ellas tampoco tuvieron quién les hable sobre la posibilidad de no ser enemigas entre nosotras, sino de ser compañeras". (Maggi, 2017)

"La sororidad, en palabras cortas, es una práctica ética y política por la que las mujeres nos reconocemos de manera recíproca, nos identificamos como diversas, pero también como pares, es percibirse como iguales para aliarse y transformar su realidad. Es un sentido de hermandad, de consideración y de empatía". (Maggi, 2017)

La sororidad: un pacto entre mujeres.
Dra. Lizbeth Gabriela Corral Limas.
M.A. Alma Yolanda Morales Corral.

10 MANERAS PARA PRACTICAR LA SORORIDAD

"1.- Dejemos de juzgar la apariencia física de las demás."

"2.- Recordemos que la culpa no es de las víctimas."

"3.- No cuestionemos la decisión de ser madres o no."

"4.- Jamás justifiquemos la violencia hacia otras mujeres."

"5.- No nos riamos de bromas machistas o misóginas."

"6.- Apoyemos a todas, no sólo a las que nos caen bien."

"7.- No hagamos eco cuando alguien quiera hablar mal de una mujer."

"8.- Dejemos de reproducir estereotipos, ideas o mitos sobre las mujeres."

"9.- Construyamos redes de apoyo y espacios seguros."

"10.- Sumemos a las mujeres que podamos." (Secretaría de las Mujeres, 2022)

La sororidad: un pacto entre mujeres.
Dra. Lizbeth Gabriela Corral Limas.
M.A. Alma Yolanda Morales Corral.

SORORIDAD: ORGANIZACIONES QUE APOYAN A MUJERES CON DISCAPACIDAD

"En febrero de este año, el Pleno del Senado de la República aprobó el dictamen para fortalecer las medidas de protección para niñas, adolescente y mujeres, cuya vida o integridad se encuentre en riesgo. Los senadores avalaron los cambios que planteó en diciembre de 2020 la Cámara de Diputados para reformar la Ley General de Acceso de las Mujeres a una Vida Libre de Violencia (que data de 2007)." (Anderson, 2021)

"Entre las principales actualizaciones se obliga a las autoridades que otorgan las órdenes de protección, distinguir entre víctimas directas e indirectas y reducir el tiempo en que deberán expedirse estos mecanismos, una vez que se tiene conocimiento de los hechos que los generan." (Anderson, 2021)

"Las reformas apuntan al tiempo y precisan que las órdenes de protección son precautorias y cautelares pero de urgente aplicación para proteger a personas que han sido violentadas de alguna manera o que su integridad física o emocional se encuentra en riesgo. El dictamen dispone que las autoridades administrativas, el Ministerio Público o los órganos jurisdiccionales deberán aplicar las órdenes de protección de manera inmediata, en un lapso no mayor a cuatro horas, a partir de que se tenga conocimiento de presuntos actos de violencia." (Anderson, 2021)

"Muchas organizaciones (entre ellas Yo también, AC) participamos en las recomendaciones para la actualización de esta Ley tan urgente en un país donde el propio Presidente reconoció hace pocos días que uno de los delitos que ha aumentado en el país es el feminicidio: 13% durante sus tres años de gobierno." (Anderson, 2021)

"Y son justamente las organizaciones quienes conocen de cerca, de primera mano, los casos de agresión y vulnerabilidad que viven las mujeres. Por eso consideramos fundamental en este 12 de septiembre, publicar el listado de las principales organizaciones "de y para" mujeres con discapacidad en México, con datos de contacto y misión específica:" (Anderson, 2021)

1.- Mujeres mexicanas **con discapacidad**

"**Es un movimiento de colaboración colectivo de mujeres con discapacidad fundado en** Monterrey a finales del 2017. Su misión es crear una comunidad que cambie las narrativas excluyentes y luche por sus derechos y representatividad en la toma de decisión e influencia de nuestro país. Apoyan en cuestiones de violencia y abuso; educación; mentorías y empoderamiento; salud sexual y reproductiva; empleo y emprendimiento y actividades de cambio de narrativa y cultura." (Anderson, 2021)

2.- Equis: Justicia para las mujeres

"Es una organización feminista que desde 2011 busca transformar las instituciones, leyes y políticas públicas para mejorar el acceso a la justicia para todas las mujeres. Trabajan por una justicia integral que tome en cuenta los cruces entre el género y otras categorías como: raza, etnia, clase, discapacidad, estatus migratorio, identidad sexo-genérica, preferencia sexual, entre otras." (Anderson, 2021)

"3.- Instituto Mexicano de Sexualidad en la Discapacidad y Fundación para la Inclusión y Desarrollo de Personas con Discapacidad, A.C.

"Ambas instituciones cuentan con el mismo equipo directivo aunque sus acciones son diferentes: el Imsedis busca promover la salud sexual y reproductiva de las pcd y sus parejas. Por su lado, Findesis es un centro de capacitación y bolsa de empleo para pcd en todo el país." (Anderson, 2021)

"4.- Human Rights Watch

Es una organización de derechos humanos no gubernamental y sin fines de lucro. Defiende los derechos de las personas en todo el mundo; investiga minuciosamente abusos, expone los hechos, y genera presión sobre quienes ostentan el poder, a fin de que se respeten los derechos y se asegure la justicia.

Estas organizaciones, entre otras, tienen como objetivo principal el apoyar a las mujeres cuando son víctimas de algún delito o que requieren soporte de diversa índole." (Anderson, 2021)

"5.- Documenta

Es una organización civil que incide en la construcción de un sistema de justicia incluyente y respetuoso de los derechos humanos de las personas privadas de la libertad, en conflicto con la ley y de las personas con discapacidad. Cuenta con un equipo muy sólido de abogados que apoyan en cuestiones legales a esta comunidad." (Anderson, 2021)

"6.- Centro Interdisciplinario de Derechos, Infancia y Parentalidad

Es una institución que impulsa el respeto y garantía de los derechos de la infancia, la parentalidad positiva, la crianza respetuosa, la igualdad de género, los derechos de las mujeres, la conciliación laboral, familiar y personal, el derecho humano a la lactancia, los derechos reproductivos, así como la no discriminación a través de la promoción, difusión, formación y defensa para el goce y ejercicio de los derechos humanos." (Anderson, 2021)

"7.- TRUEQMX

Es una plataforma de 'cadena de favores' creada por Maite, quien vive con parálisis cerebral. Fue premio nacional de voluntariado. Vincula a organizaciones y personas que necesitan apoyo con empresas o instituciones que pueden resolver cuestiones vinculadas fundamentalmente con pcd." (Anderson, 2021)

La sororidad: un pacto entre mujeres.

Dra. Lizbeth Gabriela Corral Limas.
M.A. Alma Yolanda Morales Corral.

EL GOBIERNO Y LA SORORIDAD

La sororidad ha despertado el interés de algunos gobiernos locales en México, que han entendido la importancia del tema y han realizado diversas acciones, aquí algunos ejemplos:

"PONE EN MARCHA AYUNTAMIENTO TALLERES "REDES DE SORORIDAD PARA MUJERES SANANDRESEÑAS"

"El Ayuntamiento de San Andrés Cholula, a través de la Secretaría para la Igualdad Sustantiva de Género, puso en marcha los "Talleres Redes de Sororidad Para Mujeres Sanandreseñas". (SAN ANDRÉS CHOLULA PUEBLA, 2022)

"El edil Mundo Tlatehui, indicó que con los talleres que este día se inauguran en la Junta Auxiliar San Luis Tehuiloyocan, se pueden visualizar áreas de oportunidad para prevenir la violencia de género." (SAN ANDRÉS CHOLULA PUEBLA, 2022)
"Desde el Ayuntamiento que encabezo estamos realizando diferentes actividades en torno a la mujer, muchas para prevenir la violencia, y el día de hoy iniciando estos talleres de Sororidad, que no es otra cosa que el apoyo mutuo entre ellas", puntualizó el presidente municipal." (SAN ANDRÉS CHOLULA PUEBLA, 2022)

"En este sentido, Mundo Tlatehui exhortó a las mujeres de San Luis Tehuiloyocan a no quedarse calladas y las invitó a conocer los programas con los que cuentan la Secretaría para la

31

Igualdad Sustantiva de Género y el DIF Municipal." (SAN ANDRÉS CHOLULA PUEBLA, 2022)

"Lupita Cuautle, presidenta del Sistema Municipal para el Desarrollo Integral de la Familia (SMDIF), explicó que desde el inicio de la administración que encabeza el presidente Mundo Tlatehui, se han realizado múltiples acciones a favor de las mujeres sanandreseñas." (SAN ANDRÉS CHOLULA PUEBLA, 2022)

"Con cada una de las acciones emprendidas desde el DIF Municipal o de la Secretaría para la Igualdad Sustantiva de Género impulsamos la disminución de las brechas generacionales en materia de paridad e igualdad", aseveró Lupita Cuautle". (SAN ANDRÉS CHOLULA PUEBLA, 2022)

"Yvón Gutiérrez Vázquez, regidora presidenta de la Comisión de Igualdad de Género, señaló que este tipo de iniciativas ayudan a generar los mecanismos indicados para evitar y prevenir la violencia contra la mujer." (SAN ANDRÉS CHOLULA PUEBLA, 2022)

"En tanto, Hilda Campos Coyotl, secretaria para la Igualdad Sustantiva de Género, indicó que el objetivo de los talleres es otorgar herramientas de aprendizaje y empoderamiento que les permitan ser independientes para apoyar el desarrollo de sus hijas e hijos." (SAN ANDRÉS CHOLULA PUEBLA, 2022)

"Detalló que las capacitaciones que se otorgan contarán con servicio de educación abierta para adultos, defensa personal, primeros auxilios, repostería, coctelería, clases de manejo, huertos de traspatio y cursos prácticos de mecánica automotriz.

En el acto estuvieron presentes las regidoras Anamía Martínez González y Matilde Coyotl Cuautle; Regino Tomás Aca Tello, presidente auxiliar de San Luis Tehuiloyocan y Antonia Rafaela Aca Teapila, presidenta del Subsistema DIF." (SAN ANDRÉS CHOLULA PUEBLA, 2022)

"MUJERES MAYAS TZOTZILES DE CHUCHILTÓN CREAN RED DE SORORIDAD PARA ABORDAR SITUACIONES DE VIOLENCIA Y ASEGURAR RESILIENCIA FINANCIERA FRENTE A LA PANDEMIA DE COVID-19"

"Desde noviembre 2021 y hasta septiembre 2022, 106 mujeres mayas tzotziles de Chuchiltón conformaron una red comunitaria." (Programa de las Naciones Unidas para el Desarrollo (PNUD) en México, 2022)

"El Programa de las Naciones Unidas para el Desarrollo (PNUD) en México, en colaboración con la Organización de las Naciones Unidas para la Alimentación y la Agricultura (FAO) en México, y la Secretaría de Igualdad de Género (SEIGEN) del estado de Chiapas, presentaron los avances del proyecto "Resiliencia de las mujeres indígenas y rurales a los impactos de la COVID-19" implementado desde agosto de 2021 en la comunidad tzotzil de Chuchiltón, Larrainzar." (Programa de las Naciones Unidas para el Desarrollo (PNUD) en México, 2022)

"Durante el evento se destacó que, desde noviembre 2021 y hasta septiembre 2022, 106 mujeres mayas tzotziles de Chuchiltón conformaron una red comunitaria, la cual tiene el objetivo de acompañar a las mujeres y niñas víctimas de violencia; realizar actividades relacionadas con el ahorro; e implementar actividades productivas para mejorar sus ingresos, así como trabajar en las hortalizas comunitarias y la cría de aves para fortalecer su seguridad alimentaria." (Programa de las Naciones Unidas para el Desarrollo (PNUD) en México, 2022)

Proteger a mujeres y niñas víctimas de violencia

"Respecto al acompañamiento en situaciones de violencia, el diagnóstico realizado arrojó que 7 de cada 10 mujeres que participan en la red conocen cuáles son los canales y servicios de acceso a la justicia ofrecidos por el gobierno del estado de Chiapas en caso de que alguna de ellas sufra alguna situación de violencia. Además, el 80% de las mujeres reportan que tienen las habilidades y conocimientos para tomar decisiones relevantes para su vida, y que cuentan con liderazgo para defender o proteger a otras mujeres que hayan sido víctimas de la violencia. También, 8 de cada 10 mujeres en Chuchiltón reconocen los servicios que ofrecen los Centros de Atención Especializada para Mujeres en situación de violencia de la SEIGEN, los del sistema DIF, los de los Centros de la Justicia para las mujeres en Chiapas, y la línea Digital SEIGEN, la cual ofrece atención multidisciplinaria en la lengua tzotzil. Igualmente, las integrantes de la red cuentan con un protocolo de seguimiento con un directorio telefónico de autoridades locales y municipales, servicios de salud y refugios que son accesibles para ellas en caso de sufrir alguna situación de violencia." (Programa de las Naciones Unidas para el Desarrollo (PNUD) en México, 2022)

Impulsar la resiliencia financiera

"Asimismo, las mujeres en Chuchiltón conformaron un grupo de ahorro que es autogestionado y cuenta con un Consejo Directivo conformado por una presidenta, una secretaria y una tesorera quienes dan seguimiento a las metas planteadas de ahorro de las participantes y al pago de los préstamos otorgados al interior del grupo. A la fecha se han realizado un total de 63 préstamos con una cantidad promedio de $1,751 MXN a las mujeres que integran el grupo de ahorro. Todos los préstamos han sido para temas de salud, y se reporta una tasa nula de morosidad entre las integrantes." (Programa de las Naciones Unidas para el Desarrollo (PNUD) en México, 2022)

"En su participación, la Oficial Nacional de Género del PNUD en México, Sol Sánchez Rabanal, dijo que los cambios en las normas sociales en la comunidad vienen como resultado de una voluntad para sumar esfuerzos para promover su participación en temas relevantes para ellas y su comunidad." (Programa de las Naciones Unidas para el Desarrollo (PNUD) en México, 2022)

"A la fecha, 11 mujeres de Chuchiltón ocupan posiciones de liderazgo y toma de decisiones en la red de sororidad y en el grupo de ahorro, y 3 de ellas tienen una vinculación directa con las autoridades comunitarias en donde existía una prevalencia de hombres previo a la conformación de la red", aseguró la oficial nacional de Género del PNUD en México." (Programa de las Naciones Unidas para el Desarrollo (PNUD) en México, 2022)

"El Gobernador Constitucional del Estado de Chiapas, Rutilio Escandón Cadenas, destacó: Se seguirá apoyando esfuerzos para que exista una cultura de paz, y agradezco la presencia del PNUD por su compromiso con los acuerdos de las comunidades indígenas para erradicar la violencia", agregó el Gobernador Escandón." (Programa de las Naciones Unidas para el Desarrollo (PNUD) en México, 2022)

"Asimismo, la Secretaria de Igualdad de Género, María Mandiola Totoricaguena mencionó: "La voz de la esperanza llega a más comunidades que se suman para fortalecer a las mujeres indígenas que ellas se merecen en Chiapas". (Programa de las Naciones Unidas para el Desarrollo (PNUD) en México, 2022)

"En el marco del evento se realizó la presentación de la publicación "Mujeres seguras y resilientes: diagnóstico participativo del proyecto resiliencia de las mujeres indígenas y rurales a los impactos de la COVID-19", la cual recaba los aprendizajes sistematizados y las buenas prácticas que permitan implementar mecanismos participativos en el contexto comunitario y en el marco de la crisis generada por la pandemia de la COVID-19. Esto último, para ofrecer recomendaciones en distribución eficiente de los recursos para políticas públicas de recuperación post-COVID-19, y proponer soluciones apropiadas desde la perspectiva de las y los participantes de las comunidades indígenas." (Programa de las Naciones Unidas para el Desarrollo (PNUD) en México, 2022)

"PROMUEVEN LA SORORIDAD ENTRE PERSONAL DE ADMINISTRACIÓN"

"En coordinación con la Secretaría de las Mujeres de Oaxaca (SMO), la Secretaría de Administración ofreció a personal de esa dependencia el taller digital titulado Sororidad, cuya finalidad fue promover el apoyo mutuo entre mujeres para alcanzar el desarrollo equitativo." (OAXACA.GOB.MX, 2021)

"A través de la psicóloga Elizabeth Zenelly Monterrubio Vásquez, mujeres y hombres que integran diferentes áreas de la dependencia recibieron información y las pautas para convivir de acuerdo a este concepto." (OAXACA.GOB.MX, 2021)

"La ponente explicó que la Sororidad es la solidaridad y hermandad entre mujeres ante situaciones de discriminación, violencia y machismo, la cual se manifiesta como una alianza o un pacto no escrito para luchar por la igualdad y defender los derechos de todas."

"Destacó que aunque la sororidad sólo puede aplicarse entre mujeres, es uno de los conceptos que ha ido fortaleciéndose con el tiempo como una forma de enriquecer las relaciones sociales, laborales y políticas entre el sexo femenino y se avanza de forma más acelerada en la consolidación de la igualdad sustantiva." (OAXACA.GOB.MX, 2021)

"El taller a distancia se sumó al impartido el mes pasado denominado "Nuevas Generaciones Libres de Violencia", capacitaciones gestionadas por la Unidad de Género de la dependencia y que forman parte del compromiso de la Secretaría de Administración encabezada por Germán Espinosa Santibáñez, para contribuir a eliminar la violencia en cualquiera de sus manifestaciones." (OAXACA.GOB.MX, 2021)

10 FRASES DE SORORIDAD

"Hemos visto en las manifestaciones del 8-M muchas frases con sororidad o solidaridad femenina y que debes repetir para difundir la sororidad para niñas para que entiendan por qué es importante: (El feminismo , s.f.)

- «Hermana, yo sí te creo«
- «No estás sola«
- «Si tocan a una, nos tocan a todas»
- «No somos rivales, somos aliadas«
- «La mujer no nace, se hace«
- «Si tratas de callarme, gritaré«
- «Ten el poder sobre tí misma»
- «Somos el grito de las que no están»
- «Juntas somos más fuertes.»
- «No somos princesas, somos guerreras«   (El feminismo , s.f.)

Recuerda estas frases para saber cómo trabajar la sororidad." (El feminismo , s.f.)

CAPÍTULO 4

EFECTOS DE LA SORORIDAD EN LOS DIVERSOS ÁMBITOS EN QUE PARTICIPAN LAS MUJERES

"Comportarse con SORORIDAD es básicamente
pensar que tienes elementos de opresión
en común con las mujeres que tienes
a tu alrededor".

Nerea Pérez de las Heraz.

En primer lugar, la sororidad es un factor que contribuye a edificar el proceso de autoestima de las mujeres, a   fortalecer el liderazgo femenino, y a superar los obstáculos para mejorar su calidad vida; y aun cuando se considera que ha habido avances importantes y que las mujeres han vencido innumerables obstáculos para obtener conquistas laborales, estamos muy lejos de haber logrado una verdadera igualdad laboral. En parte, esta situación podría entenderse debido al trabajo no retribuido asumido por las mujeres dedicadas al cuidado de las familias y a sus hogares; además se ha demostrado que Ellas tienen que esforzarse mucho más que los hombres para poder volverse visibles y romper el llamado techo de cristal, y aún y cuando han acrecentado su nivel de estudios y su presencia en el sector laboral, sigue siendo ésta una asignatura pendiente.

Asimismo y por lo que se refiere específicamente a la participación de las mujeres en la conformación de sindicatos y en las dirigencias sindicales, es importante hacer algunas reflexiones, teniendo en cuenta que el sindicalismo mexicano fue aprovechado por los gobiernos posteriores a la revolución mexicana buscando centralizar el poder bajo un diseño de gobierno corporativo, por lo que las mujeres con un liderazgo en los sindicatos, en muchas ocasiones militaban en las filas de un partido político.

Antecedentes históricos de la participación de las mujeres en la vida sindical

"en el siglo XX tuvieron lugar diferentes transformaciones sociales, políticas y culturales en nuestro país, es durante este período que las mujeres fueron adquiriendo presencia en la esfera pública, ya que se organizaron para exigir el salario mínimo, el derecho a huelga, a recibir el mismo pago que los hombres y también lucharon por su derecho a la educación y al voto." (Fernández, 2018).

"Cabe destacar que algunas mujeres que lucharon por conformar un sindicato llegaron a encabezar mesas directivas y ser representantes de las secciones femeniles de partidos políticos como el Partido Nacional Revolucionario (1929-1938) o del Partido Revolucionario Institucional (PRI, 1946-presente). Este fue el caso de Guadalupe Urzúa Flores, quien se unió a las filas del Acción Femenina del Comité Campesino de Jalisco y que fue diputada y presidenta municipal del PRI. (Fernández, 2018).

La sororidad en el ámbito sindical

En relación con las organizaciones sindicales en nuestro país, consideramos que pueden contribuir en gran medida a reivindicar los derechos de las mujeres con su participación, que es fundamental, porque son impulsoras de los cambios que se requieren y del apoyo que pueden brindarse unas a otras para lograrlo, y así superar los desafíos que enfrentan para ser consideradas en condiciones iguales a los hombres, tales como la desigualdad salarial y la carga desproporcionada del trabajo doméstico; la superación de estos desafíos redundará en un mejoramiento de las condiciones de vida para de esta manera contribuir a su bienestar personal y social, en la obtención de empleos de mayor nivel y en un mejoramiento de la productividad en la vida laboral; para ello se requiere implementar un enfoque de género como una medida permanente en la búsqueda de la participación paritaria de las mujeres.

A este respecto Alejandra Mora Mora, Secretaria Ejecutiva de la Comisión Interamericana de Mujeres (CIM) Organización de los Estados Americanos (OEA),en el documento titulado "La perspectiva de los derechos laborales de las mujeres desde los Organismos Internacionales", expresa lo siguiente: "En una época caracterizada por la desregulación y flexibilización del mercado laboral, por la reconfiguración de los centros de trabajo ante el avance de las nuevas tecnologías de la información, por la precarización laboral donde impera la informalidad y salarios bajos y, en general, ante un contexto de pauperización creciente del empleo y de privatización de la seguridad social, en la que las mujeres presentan enormes brechas, que se han exacerbado cono la pandemia del COVID-19, resulta impostergable colocar la importancia de la organización sindical para el mejoramiento de las condiciones de las y los trabajadores con su fuerza colectiva y sus vínculos de solidaridad." (OEA CIM MESECVI, 2020).

Así pues, un primer paso importante es que los organismos internacionales reconocen ampliamente la necesidad de implementar políticas de igualdad de género y crear estrategias indispensables para que haya equidad en la vida sindical, reconocer esa diversidad es un primer paso para procurar igualdad de oportunidades para las mujeres y de esta manera contribuir a cerrar la brecha salarial de género y el mejoramiento de sus condiciones de vida.

"Este acercamiento al movimiento sindical, sin embargo, debe realizarse desde una óptica transformadora y renovada. Desde una perspectiva interseccional y sensible al género que nos permita observar lo que por mucho tiempo se ha mantenido oculto o ignorado. Una nueva óptica que revele las características de la participación de las mujeres en el mercado laboral y en el contexto sindical, su rol en el futuro del trabajo y de los sindicatos, así como las experiencias diferenciadas que éstas viven en el empleo en razón de su género y que impactan el ejercicio de sus derechos laborales y sociales." (OEA CIM MESECVI, 2020).

"La incorporación de esta perspectiva de género en el contexto sindical se avizora no solo como deseable, sino como una estrategia indispensable para revitalizar el movimiento. Estudios de la Organización Internacional del Trabajo (OIT) han confirmado que, si bien la participación de mujeres varía de país en país, la presencia femenina en los sindicatos ha aumentado de forma sostenida los últimos cuarenta años, superando incluso el número de hombres que se están afiliando actualmente." (OEA CIM MESECVI, 2020).

Esto es, las mujeres con capacidad de liderazgo, pueden ser excelentes gestoras y defensoras de los derechos laborales e intermediarias entre las dirigencias patronales y la plantilla laboral sindicalizada, y procurar la remoción de los obstáculos que impiden a las mujeres ganar espacios y ocupar puestos de responsabilidad en las dirigencias sindicales.

"No obstante, es importante subrayar que esta incorporación va más allá de un mero incremento numérico de mujeres en las filas de los sindicatos. Ante la magnitud de los retos que enfrenta y las exigencias de la agenda de igualdad, el movimiento sindical requiere de un cambio de paradigma que coloque a las mujeres en pie de igualdad y en la primera línea de las decisiones." (OEA CIM MESECVI, 2020).

Considero que más que un discurso, la igualdad y equidad de género deben ser una práctica constante y para avanzar en este camino, resulta importante que las mujeres tengan la convicción de que la sororidad las fortalece y que ese gran apoyo mutuo que pueden brindarse les genera beneficios y les facilita la defensa de sus derechos y el logro de cualquier meta que se propongan.

"Esta nueva perspectiva implica garantizar el derecho de las mujeres a su participación política dentro de los sindicatos, la integración de sus preocupaciones específicas en el ejercicio de su libertad de la asociación sindical, la inclusión de la prevención de la violencia de género como uno de sus ejes rectores y el reconocimiento del trabajo remunerado y no remunerado que realizan las mujeres" (OEA CIM MESECVI, 2020).

En suma, los principales instrumentos internacionales de derechos humanos han establecido que tanto los países como los sindicatos están obligados a respetar y garantizar en materia sindical los derechos a la libertad de asociación y de expresión de las mujeres:

"a. Conclusiones sobre las obligaciones de los Estados frente al derecho de libertad sindical de las mujeres. En el ámbito interamericano, el derecho a la libertad de asociación en materia sindical de las mujeres se rige por el marco general de las obligaciones de la Convención Americana de Derechos Humanos, así como por el criterio de desarrollo progresivo previsto en el artículo 26 de la Convención. Esto significa que la libertad sindical se ubica en dos espacios normativos y está doblemente protegida por ambos marcos de aplicación (Canessa, (2012). Asimismo, estas obligaciones deben ser entendidas en sintonía con la normatividad de la OIT, misma que reconoce la aplicabilidad universal de la libertad sindical." (OEA CIM MESECVI, 2020)

45

"De acuerdo con los instrumentos internacionales en materia de derechos humanos, los Estados tienen la obligación de respetar y proteger el derecho a la libertad de asociación en materia sindical de las mujeres en su vertiente positiva y negativa, la obligación de no discriminar a las mujeres en su titularidad, goce y ejercicio de este derecho, la obligación de adoptar medidas para hacer efectivo este derecho, y la obligación de ofrecer recursos jurídicos efectivos que aseguren la protección de este derecho (Corte IDH Acevedo Jaramillo y otros Vs. Perú; Corte IDH, OC-22/16; Comité CEDAW, Recomendación Gral.23)." (OEA CIM MESECVI, 2020)

"Lo anterior significa que el derecho de las mujeres a formar y unirse a sindicatos protege, en primer lugar, en contra de la acción arbitraria del Estado (TEDH, Associated OC-22/16, para.102). Por virtud de ello, los Estados tienen la obligación de garantizar plenamente el derecho de las trabajadoras de crear organizaciones sindicales, mismas que deben funcionar con absoluta independencia y libertad y sin intervenciones e injerencias innecesarias de las autoridades. Además, los Estados deben prevenir la discriminación antisindical y sancionar con firmeza los despidos antisindicales en contra de las mujeres." (OEA CIM MESECVI, 2020).

La participación de las mujeres en la esfera sindical en México.

Así pues, las mujeres aún desde nuestra desemejanza, podemos construir un país con bienestar trabajando en unidad y haciendo frente a las desigualdades que nos aquejan; si es posible transformar la política y fortalecer los mecanismos para obtener mejoras de las mujeres en los tres ámbitos de gobierno: federal, estatal y municipal.

"Las mujeres en México tuvieron, tras el movimiento revolucionario, la puerta abierta para iniciar un proceso lento, pero persistente de entrada a la educación y al trabajo formal. En 2001, el Estado estableció un mecanismo formal para buscar el adelanto de las mujeres, el INMUJERES. Las políticas de igualdad de género promovidas por el INMUJERES desde su creación encaminaron sus esfuerzos a procesos de transversalización de la perspectiva de género en los ámbitos laborales, específicamente las áreas gubernamentales y las empresas públicas y privadas. Las estrategias utilizadas, fueron el Modelo de Equidad de Género (MEG) y para en el año 2015 se desarrolló la Norma Mexicana NMX-R-025-SCFI-2015 en Igualdad Laboral y No Discriminación, resultado del trabajo conjunto del INMUJERES, la Secretaría del Trabajo y la Comisión Nacional para Prevenir la Discriminación." (Arreola, 2020).

"No es sino hasta los años 70´s cuando comienzan a ser visibles las necesidades de transformación estructurales en los ámbitos laborales y familiares por la masiva incorporación de las mujeres al trabajo extra doméstico. Mujeres trabajadoras, madres de familia, madres solteras, jefas de hogar es la realidad que existe en el país desde hace más de cuatro décadas, así se calcula que el 60% de las mujeres está inserta en participación laboral productiva y remunerada en 2019". (Arreola, 2020).

Esto es, las mujeres, trabajando en equipo y unidas, en sororidad, pueden lograr grandes cambios y hacer posible la obtención de políticas públicas que las beneficien y de esta manera seguir avanzando para disminuir la brecha de género con la intención de que las desigualdades y la inequidad algún día no existan y ese sea un legado para las nuevas generaciones.

"La necesidad de transformación de las formas tradicionales de vivir la vida familiar se ve atravesada y obstaculizada por la lenta evolución de las personas e instituciones que no asumen los nuevos paradigmas, provocando la generación de las llamadas brechas de género, que mantienen como tema pendiente la transformación cultural que permita caminar hacia la igualdad real de hombres y mujeres." (Arreola, 2020).

"La Norma Mexicana NMX-R-025-SCFI-2015 en igualdad laboral y no discriminación establece los requisitos para que centros de trabajo, públicos y privados, implementen y ejecuten dentro de sus procesos, prácticas para la igualdad laboral y no discriminación que favorezcan el desarrollo integral de las y los trabajadores (Secretaría de Economía, 2015)" (Arreola, 2020).

Además, y de conformidad con las modificaciones que se realizaron a la Ley Federal del Trabajo del año 2019, el nuevo modelo laboral tiene que ver con un cambio de cultura, ya que a partir de la reforma en la que se establecen nuevas condiciones para los sindicatos, los organismos sindicales tienen la obligación de incorporar el principio de paridad de género en la integración de las mesas directivas; ello de conformidad con el artículo 358 del citado ordenamiento legal que establece lo siguiente:

"Artículo 358.- Los miembros de los sindicatos, federaciones y confederaciones, cuentan con los derechos de libre afiliación y de participación al interior de éstas, los cuales implican las siguientes garantías: (D.O.F. 01- mayo 19) I. Nadie puede ser obligado a formar o no parte de un sindicato, federación o confederación. Cualquier estipulación que desvirtúe de algún modo esta disposición se tendrá por no puesta ;(D. O. F. 01-mayo 19) II. Los procedimientos de elección de sus directivas deberán salvaguardar el pleno ejercicio del voto personal, libre, directo y secreto de los miembros, así como ajustarse a reglas democráticas y de igualdad de género, en términos del artículo 371 de esta Ley. El periodo de duración de las directivas no podrá ser indefinido o de una temporalidad tal que obstaculice la participación democrática de los afiliados, y tampoco podrá ser lesivo al derecho de votar y ser votado; (D. O. F. 01-mayo 19)" (Congreso de la Unión, 2019).

"Artículo 371. Los estatutos de los sindicatos contendrán:

...IX Bis. En la integración de las directivas sindicales se establecerá la representación proporcional en razón de género; (D. O. F. 01-mayo 19)" (Congreso de la Unión, 2019).

Pero es una realidad que actualmente un número muy bajo de sindicatos está dirigido por mujeres, conforme a estadísticas que a continuación se indican:

"Reforma laboral impulsará presencia de mujeres en puestos de dirección sindical. BOLETÍN 127/2019 Secretaría del Trabajo y Previsión Social / 03 de julio de 2019/ Comunicado. Ciudad de México, 3 de julio de 2019. Solo 8.67% del total de organizaciones gremiales tienen secretarías generales encabezadas por mujeres. En 25 estados hay presencia de mujeres líderes de sindicatos, en los 8 restantes nula. La Reforma Laboral permitirá impulsar la presencia de las mujeres en la vida sindical, y aumentar su actividad como lideresas de trabajadores, al establecer la obligación de que toda directiva se conforme bajo el principio de paridad de género. La norma, creada e impulsada por la Secretaría del Trabajo y Previsión Social, que encabeza Luisa María Alcalde Luján establece en su Artículo 358, párrafo dos, que en los procedimientos de elección de las directivas sindicales se deberán ajustar a reglas democráticas y de igualdad de género. Para garantizar la participación equitativa de las mujeres en las directivas de las organizaciones gremiales, el Artículo 371, apartado IX Bis, señala la obligación de los sindicatos para establecer en sus estatutos que en la integración de las directivas sindicales se planteará la representación proporcional en equidad de género, es decir, igual número de mujeres y hombres sobre el total de carteras existentes. De esta manera, se pretende que la presencia de las mujeres en el mundo sindical crezca. Actualmente, solo 8.67 del total de organizaciones gremiales tienen secretarías generales encabezadas por mujeres. Ellas tienen presencia en 275 secretarías generales de sindicatos en 39 secretarías generales de federaciones y una secretaría general en confederación. Su elección ha variado en los últimos años, así, pasaron de tres mujeres electas en 2010, a 27 el año pasado. En el primer trimestre de la actual administración suman ocho. Sólo en 25 estados hay presencia de mujeres líderes de sindicatos, destacando la Ciudad de México, con 173 secretarías generales, seguido del Estado de México con 44. Ahora con la reforma, que impulsó el Gobierno de México del presidente Andrés Manuel López Obrador, se empodera al trabajador en sus decisiones gremiales, su presencia en este ámbito puede crecer y ofrecer una óptica diferente al trabajo sindical." (México, 2019).

En efecto, esta incursión en los liderazgos sindicales por lo que se refiere a las mujeres, es relativamente reciente, a los agremiados aún les cuesta trabajo aceptar y reconocer esa capacidad de dirigir de Ellas y obtener logros para todos; en la medida en que las mujeres fortalezcan sus redes de apoyo, esa relación de hermandad se verá además reflejada en cambios sociales que beneficiarán a toda la sociedad.

"Según la Confederación de Equidad e integración Nacional (Confedin), sólo el 8% de los sindicatos en el país están dirigidos por mujeres. La Organización de Estados Americanos (0EA) ha señalado que, para garantizar libertad sindical de las mujeres, no basta con que haya organización, "es indispensable su acceso a los espacios de toma de decisiones." (Juárez, 2022).

Y una muestra de la inseguridad de algunas mujeres a las que se les dificulta reconocer sus capacidades la tenemos en el siguiente ejemplo: "Discúlpenme, estoy un poco nerviosa, nunca había estado en una conferencia tan grande, apenas tengo un año como secretaria general de una maquiladora", dijo Julieta Mónica Morales, líder de la "Liga Sindical Obrera Mexicana. Le acompañaban en el panel otras mujeres sindicalistas y le escuchaban dirigentes nacionales e internacionales, integrantes de la academia y el activismo sindical" (Juárez, 2022). Es importante hacer notar que las mujeres tradicionalmente han estado acostumbradas a competir entre las mismas mujeres y a desconfiar unas de otras y es por ello que lo más que se había venido obteniendo en las dirigencias sindicales a favor de las sindicalizadas, es el nombramiento de una mujer en la secretaría femenil, muy alejada de quienes toman las decisiones importantes y trascendentales en los sindicatos, que están conformados en su inmensa mayoría por hombres.

"La presencia de las mujeres en las dirigencias sindicales muestra un limitado avance. De acuerdo con datos de la Dirección General de Registro de Asociaciones, se tiene un total de 4180 asociaciones sindicales, de las cuales, sólo hay representación de Mujeres, dentro de la cartera de secretarías generales, 443 mujeres; mientras que en las representaciones de las secretarías seccionales es de 285. Las dirigencias sindicales en el país aún no terminan por integrar una mayor participación de mujeres en las secretarías generales, y desde la reforma laboral de 2019, cuando se incluyó en los artículos 385 y 371 de la Ley Federal del Trabajo esta posibilidad, se ha avanzado a 443 mujeres. De acuerdo con datos de la Dirección

La sororidad: un pacto entre mujeres.
Dra. Lizbeth Gabriela Corral Limas.
M.A. Alma Yolanda Morales Corral.

General de Registro de Asociaciones, se tiene un total de 4,180 asociaciones sindicales, de las cuales, sólo hay representación de Mujeres, dentro de la cartera de secretarias generales, 443 mujeres; mientras que en las representaciones de las secretarías seccionales es de 285. Esas cifras en 2019, cuando se aprobó la reforma, la presencia de mujeres era de 275 ocupando una de las carteras de mayor importancia dentro de la organización sindical, y 39 en representaciones seccionales." (Martinez, 2022).

A este respecto, el connotado jurista Miguel Carbonell (Carbonell, 2022) afirma que…:" La reforma laboral ha permitido también una interesante dinámica de la vida sindical, mediante la legitimación de más de 8 mil contratos colectivos de trabajo; a través de los nuevos mecanismos de democracia sindical se ha consultado a más de 2 millones de trabajadores. La presencia femenina se abre camino en la vida sindical, reservada anteriormente a los hombres: existen hoy en día más de 122 sindicatos dirigidos por mujeres. Los contratos que ya han pasado por el actual proceso de legitimación exigido por la reforma laboral han representado un 5.7% de mejoramiento salarial respecto a unidades productivas semejantes o comparables." (Carbonell, 2022).

En efecto, y por lo que respecta a los derechos de las mujeres en el ámbito laboral se han hecho esfuerzos institucionales y se ha logrado un avance en la transformación de la legislación para mejorar las condiciones de trabajo, así como su incorporación a los liderazgos sindicales pero no ha habido grandes avances en este aspecto, aunado a que las mujeres no han logrado conciliar del todo su vida familiar y laboral, por lo que les falta mucho por conseguir para tener una mejor calidad de vida; por ello es importante que las autoridades laborales realicen inspecciones periódicas a los sindicatos para cerciorase de que se hayan modificado los estatutos y verificar que se cumple con los requisitos para que participen las mujeres con igualdad de género desde la convocatoria de la elección para renovar las mesas directivas; de lo contrario y por lo que a ello se refiere, la reforma laboral no tendrá una real implementación.

Esto es, en estos tiempos de enormes desigualdades y riesgos para la democracia, los sindicatos están obligados a realizar importantes aportaciones, potenciando el desarrollo en especial de las mujeres y de esta manera beneficiando a la sociedad.

Hemos venido afirmando reiteradamente que la sororidad es fundamental para que exista una verdadera conexión entre las mujeres en sus espacios de trabajo permitiendo relaciones de amistad que promuevan una aproximación y reconocimiento mutuo, fundado en la seguridad, la comprensión y la valoración de sus necesidades e inquietudes; teniendo conciencia de que solo es posible estando unidas y sensibilizando a la sociedad de que el desarrollo de las mujeres y su empoderamiento no implica una competencia contra los varones, sino que todo lo contrario, sumar esfuerzos con ellos y de esta manera lograr las metas propuestas.

Un acontecimiento histórico de gran impacto llevado a la pantalla y que fue de enorme contribución a la carrera espacial de los Estados Unidos de Norteamérica, es el de las matemáticas Katherine Johnson, Dorothy Vaughan y Mary Jackson, tres afroamericanas que laboraron en la NASA y que fue llevada a la pantalla con el título de "Talentos Ocultos" (Hidden Figures), y que exhibe la enorme discriminación racial que vivieron durante esa época en su país, siendo mujeres y además afroamericanas, doble razón para en esos tiempos ser discriminadas; y a pesar de ello y de las condiciones laborales muy por debajo de las de sus compañeros de trabajo, dieron una muestra de los grandes logros que es posible obtener con la colaboración y el apoyo de otras mujeres; no se requiere quizá ser las mejores amigas, pero si estar conscientes de que juntas y en equipo se alcanzan las metas fijadas.

La perspectiva de los organismos internacionales por lo que respecta a la incorporación de las mujeres en las posiciones de liderazgo empresarial.

Conviene subrayar que es innegable el interés de ONU Mujeres, que es la organización de las Naciones Unidas que desarrolla programas, políticas y la normatividad que se requiere con el fin de garantizar que las mujeres alcancen su pleno potencial, y que está dedicada a promover la igualdad de género y empoderamiento de las mujeres entre otros objetivos, y a procurar mejorar las condiciones de vida de las mujeres; y juntamente con el Pacto Mundial de las Naciones Unidas ha implementado Los Principios para el Empoderamiento de las Mujeres, y en el caso que nos ocupa, y como áreas prioritarias, enuncio algunas de ellas:

"Los principios en la práctica: Empresas de todo el mundo ya nos brindan ejemplos de sus avances en el ámbito del empoderamiento de las mujeres...1. Una dirección que promueva la igualdad de género. Un grupo minero internacional con sede en el Reino Unido encargó una guía de recursos para poder atender e implicar a las mujeres y a los grupos comunitarios y aplicarla como una de sus principales directivas en sus operaciones empresariales. Un estudio empresarial llevado a cabo al más alto nivel por una empresa de contabilidad y de asesoramiento determinó que estaba perdiendo volumen de negocio al no ser capaz de atraer y de retener a mujeres profesionales altamente cualificadas y decidió, a la luz de estos datos, centrarse en cambiar la cultura y las políticas empresariales mediante el liderazgo y la implicación del consejo de administración." (ONU, 2011).

"4. Educación y formación. Con el objetivo de generar nuevas oportunidades de promoción para las mujeres en su ámbito de actuación, una multinacional tecnológica con sede en los Estados Unidos ha establecido asociaciones estratégicas con la organización de mujeres en la mayor parte de los países en los cuales opera para promover la educación y la formación y para reconocer los logros de las mujeres. Una gran empresa de servicios financieros instalada en Australia ofrece numerosas iniciativas destinadas a apoyar la presencia de las mujeres en el sector empresarial, entre las cuales se encuentra una plataforma que permite a las mujeres australianas establecer vínculos con otras mujeres del mundo de los negocios internacionales para compartir informaciones, investigaciones consejos profesionales… Elementos que se deben considerar. ¿Las designaciones en el consejo de administración y en la dirección general tienen en cuenta la perspectiva de género?. (ONU, 2011).

Concretamente y según estudios realizados, tenemos que la sororidad es fundamental en el éxito de las empresas porque así las mujeres tienen la posibilidad de conjuntar equipos de trabajo más efectivos para enfrentar los variados retos que se les pueden presentar, por lo que es posible fortalecerse solidarizándose y ayudándose unas a otras y por ello es de gran importancia fomentar e introducir la sororidad en las organizaciones:

"La sororidad y su papel fundamental en el éxito de las empresas. "La colaboración es la llave que abre muchas puertas. A esto se refiere precisamente el término "Sororidad", una palabra que la Real Academia Española define como un vínculo de solidaridad entre las mujeres, fundamentado en la lucha por el empoderamiento femenino. Shelley Zalis. CEO de "The Female Quotient", una organización comprometida con la lucha de igualdad de género en el aspecto laboral, asegura que" una mujer sola tiene poder, pero unidas tienen impacto". En el 2019, un estudio de Harvard Business Review buscaba responder la siguiente interrogante: ¿Hay alguna diferencia entre las redes de líderes masculinos y femeninos exitosos? La respuesta fue un rotundo sí. Los investigadores tomaron para la muestra a un grupo de estudiantes de MBA de ambos géneros y los tipos de redes que ayudaron a estos líderes a obtener importantes cargos dentro de las empresas. Descubrieron que las mujeres con un círculo de contactos cuantioso y de su mismo género tienen más posibilidades de encontrar cargos importantes y mejor remunerados. Esto sucede porque las féminas dan mayor importancia a sus redes íntimas de comunicación, donde comparten información más cercana y privada sobre temas que las ayuden a: Prepararse mejor para una entrevista. Reforzar su búsqueda de trabajo. Mejorar sus estrategias de negociación. Conocer la visión de la empresa respecto a las mujeres. Ayudar a otras y servir de mentoras para superar obstáculos sistémicos y culturales." (Harvard business review, 2020).

"Como fomentar la sororidad en las organizaciones. La sororidad no es un tema lejano, es una realidad y genera valor en cualquier ámbito donde se aplique. La práctica de la solidaridad entre las mujeres debe ser un asunto que llame a las féminas a vincularse desde el respeto, el amor y" la empatía para tener más éxito. En una organización, la sororidad se refleja en un ambiente más armónico y en la consolidación de equipos de trabajo más efectivos. La comunicación es otro aspecto que se beneficia de la práctica de la colaboración eficaz, genuina y comprometida entre mujeres." (Harvard business review, 2020).

"De esta forma se puede introducir la sororidad en las organizaciones:

1. No juzgar las apariencias físicas. Fomentar el respeto en todos los departamentos de la organización. En este sentido, es una excelente iniciativa establecer políticas y manuales de conducta donde la organización deje clara su postura sobre las críticas y prejuicios, comportamientos censurables que no contribuyen a la cultura organizacional.

2. **Respetar las decisiones individuales.** La elección de la maternidad es individual y no debe ser objeto de discriminación o critica. Es un asunto que va más allá de la tolerancia, tiene que ver con el respeto hacia la individualidad y las decisiones.

3. **Evitar calificar la forma en la que cada individuo vive su sexualidad.** La diversidad debe ser un valor bandera dentro de las organizaciones. La sociedad ha evolucionado y las empresas deben adaptarse a las decisiones de cada una para generar una verdadera comunidad de mujeres solidarias.

4. **Dar apoyo en cualquier caso de discriminación o acoso.** Ninguna persona debe ser objeto de maltratos de ninguna índole. Dentro de una organización se debe concientizar a todos los trabajadores sobre la importancia de la figura de la mujer en la vida de todos y a partir de este concepto, entender la necesidad de crear espacios seguros para su desarrollo personal y profesional.

5. **Incorporar temas de relevancia.** Como parte de la comunicación interna de la empresa, se deben incluir contenidos que abarquen distintos aspectos orientados a que el desarrollo sea integral manteniendo énfasis en el bienestar físico y emocional de las mujeres dentro de la organización, además de brindarles la oportunidad de empoderarse en cada aspecto de su vida.

La sororidad aplicada a las empresas beneficia la productividad de éstas, lo que les permite consolidarse en su sector con una reputación positiva. Fomentar la hermandad entre las mujeres no puede imponerse, pero sí se pueden implementar acciones y políticas que motiven esta forma de interactuar entre ellas." (Harvard business review, 2020).

Como han avanzado las mujeres en el ámbito laboral del sector privado

En relación con este tema, es importante subrayar que es necesario promover que tanto hombres como mujeres se corresponsabilicen del cuidado y el trabajo del hogar distribuyendo equitativamente el trabajo doméstico e inculcar desde pequeños a los hijos la importancia que tiene distribuir las responsabilidades en el hogar; a esto puede deberse en gran medida la poca presencia del sector femenino especialmente por lo que se refiere a los puestos directivos en las empresas.

"Como veremos a continuación, en México la escasa presencia de las mujeres también se expresa en los ámbitos del sector privado. De hecho, su participación en los consejos directivos de las compañías que cotizan en bolsa apenas alcanza 7%. Este rango es menor que en los países llamados industrializados, donde el índice es de 12%, con altos contrastes entre naciones ya que, mientras en Noruega llega a 36%, en Japón apenas alcanza el 1%." (Zabludovsky, 2015).

Funcionarias y ejecutivas en el sector privado.

"En lo que respecta a los cargos de funcionarias, gerentes y/o ejecutivas, los cálculos realizados a partir de las fuentes estadísticas nacionales muestran que el porcentaje de mujeres con responsabilidades directivas en el sector privado es de 29%, lo cual está muy lejos de reflejar la presencia en la fuerza de trabajo y las graduadas en las universidades." (Zabludovsky, 2015).

"La situación se vuelve más drástica si se le compara con otras fuentes. A partir de una base de datos construida para esta investigación, se detectó que en las grandes corporaciones del país la presencia de las mujeres gerentes y ejecutivas es aún menor, ya que en los puestos intermedios de administración apenas alcanzan 23%. Si sólo tomamos en cuenta las posiciones más altas –que equivalen a las direcciones generales en las diferentes áreas-, la subrepresentación de las mujeres es aún más notoria ya que apenas ocupan 13%de las mismas. En los niveles de presidencia o dirección general de la compañía (CEO, por las siglas en inglés de chief executive officer), sólo alcanzan 5%." (Zabludovsky, 2015).

Asimismo, se han hecho importantes estudios de esa limitación velada del ascenso laboral específicamente de las mujeres dentro de las organizaciones, del llamado techo de cristal, que sabemos que existe y que las limita en sus carreras profesionales y las imposibilita a seguir avanzando. Esta denominación no existe en leyes ni en documentos oficiales donde explícitamente se reconozca este obstáculo, sin embargo, investigaciones realizadas nos indican lo siguiente: "El "techo de cristal" son los obstáculos que impiden que una mujer alcance puestos de alto nivel en las organizaciones. El objetivo de este trabajo es analizar la situación actual de las mujeres en los puestos de alta dirección en el contexto mexicano, con el fin de conocer qué tanto el techo de cristal afecta su desarrollo profesional. Para ello se realizó una investigación documental recolectando información de las empresas que cotizan en la Bolsa Mexicana de Valores (BMV), así como de publicaciones recientes del sector empresarial en México. El principal hallazgo de este trabajo muestra que, en promedio, las mujeres que conforman el consejo de administración en las empresas que cotizan en la BMV, sólo alcanzan el 4.56 %, asimismo, de las 500 mejores empresas para trabajar en México, sólo el 3% se encuentran dirigidas por mujeres, y de las 50 mujeres más poderosas de México, sólo el 14% trabajan como ejecutivas en una empresa. Ello evidencia que, a pesar de los avances referentes a la igualdad de género, aún resulta difícil para las mujeres superar el techo de cristal." (Camarena, 2018).

"Dentro de las organizaciones se ha constatado la existencia del denominado "techo de cristal". Este es un término empleado desde finales de los años ochenta del siglo XX para designar una barrera invisible que impide a las mujeres altamente cualificadas, alcanzar puestos de responsabilidad en las organizaciones en las que trabajan (Morrison, White y Van Velsor, 1986- Ramos, Barberá y Sarrió, 2003). También es definido como un entramado de obstáculos invisibles que impide a las mujeres cualificadas alcanzar posiciones de poder dentro de las organizaciones (Roldán-García, Leyra Fatou y Contreras-Martinez, 2012)." (Camarena, 2018).

"En un principio, el concepto de "techo de cristal" fue utilizado para analizar la carrera laboral de mujeres que, teniendo una trayectoria profesional y un nivel de competencia alto en sus lugares de trabajo, se topaban con un freno al intentar avanzar en sus carreras (Bustos, 2002). Todo esto, como resultado de una cultura patriarcal androcéntrica que deriva en una discriminación de género hacia las mujeres en el ámbito laboral y les obstaculiza el acceso a cargos superiores. El denominado "techo de cristal", según Segerman-Peck (citado en Agut y Martín, 2007), alude a una última barrera basada en prejuicios hacia las mujeres que les impide avanzar a posiciones de alto nivel. De esa manera se quedan estancadas en los niveles medios de la dirección." (Camarena, 2018).

"Esta barrera es la que impide a mujeres con capacidad personal y profesional alcanzar posiciones directivas y promocionarse (Barberá, Ramos y Sarrió, 2000)." Las explicaciones relativas a la falta de capacidad intelectual de las mujeres hoy en día resultan obsoletas como los pilares que apuntalan el "techo de cristal". El acceso generalizado de las mujeres a los niveles educativos superiores, incluso en carreras estereotipadamente masculinas, y los buenos rendimientos obtenidos, invalidan este tipo de argumentos (Barberá, Ramos y Sarrió, 2000)." (Camarena, 2018).

En efecto y por lo que se refiere a los puestos directivos, a pesar de los logros obtenidos, la situación está muy por debajo de lo deseado, pero algo se ha avanzado; así concluye en el análisis que realizó a este respecto Tania Marcela Hernández y que a continuación hago referencia: "El empoderamiento y la sororidad en los liderazgos femeninos: un estudio exploratorio en mujeres ejecutivas" " Es innegable que en los últimos años a nivel global se han implementado una serie de estrategias y acciones para reducir las brechas de la participación entre hombres y mujeres en puestos directivos y de toma de decisiones, sin embargo, al revisar los diferentes informes sobre la representación femenina en espacios de liderazgo, es posible reconocer que cuanto mayor es la jerarquía de los puestos de trabajo, la proporción de participación de las mujeres disminuye debido a que los techos de cristal en la sociedad siguen vigentes, ya que cerca del 90% de la población mantiene algún tipo de sesgo sobre las mujeres (PNUD,2020)." (Hernández, 2021).

"Los roles directivos que ocupan las mujeres alrededor del mundo se agrupan lejos de la toma de decisiones operativas, por ejemplo, el 80% de los puestos directivos sobre TI son hombres y menos del 15% son directoras financieras, mientras que solo el 4% son directoras ejecutivas, por lo que las posiciones de liderazgo femenino se asocian con los servicios y las actividades de recursos humanos (CSRI, 2019), y al incrementar el nivel dentro de la estructura organizacional la participación de los liderazgos femeninos alcanza un menor nivel, por lo que los roles gerenciales mantienen un sesgo de género." (Hernández, 2021).

En concreto, debemos entender que se requiere esa solidaridad entre mujeres y de llevarla a cabo como si se tratara de un pacto no escrito o una alianza para brindarse un apoyo mutuo, darse fortaleza y aliento a quien lo necesita y ese respaldo y apoyo para defender sus derechos, procurando construir un mejor entorno.

"Empoderamiento individual y Sororidad de las mujeres. El empoderamiento se concibe como un proceso de transformación y crecimiento personal paulatino de las mujeres, en el que las mujeres pueden tener acceso al poder a partir del desarrollo de habilidades individuales (Rowlands, 1997). Para Lagarde (2000), la autoestima de las mujeres representa construir la libertad, aun cuando para algunas mujeres esta se presenta como una máscara para protegerse y mantener su intimidad. En el caso de las mujeres ejecutivas, la autoestima se refleja por medio de sus logros de su vida personales al superar los diferentes obstáculos que se han presentado en sus historias:." (Hernández, 2021).

Por otra parte, es necesario que en puestos similares a los que ocupan los hombres, las mujeres reciban un mismo salario y que la remuneración se base en el puesto y en la calidad laboral de la persona, sea hombre o mujer; esto sería un gran avance en este tema, es importante hacer notar que la presencia de mujeres líderes ofrece múltiples ventajas que no pueden ser ignoradas por las empresas. Por ello, con el fin de ser más competitivas, las organizaciones deben de aplicar políticas de igualdad e impulsar el talento femenino en todos los niveles jerárquicos para que cada vez más mujeres logren ocupar puestos directivos. Con relación a este tema, tenemos lo siguiente: "El liderazgo femenino y los beneficios de la igualdad. Los beneficios de la presencia de mujeres líderes en las empresas." "En esta dirección apunta el informe antes mencionado de la Organización Internacional del Trabajo, donde se demuestra el efecto positivo de incorporar mujeres en los puestos de mando de diferentes organizaciones. Este estudio cuenta con una muestra de 13.000 compañías de todo el mundo e indica que tres de cada cuatro empresas del sector privado que han incluido a mujeres en su directiva han incrementado sus beneficios. Este aumento se sitúa entre el 5% y el 20%, unas cifras difíciles de alcanzar a través de otras medidas que, además, suelen implicar más recursos económicos y humanos. (Trabajo, 2022).

"El impacto positivo del liderazgo femenino no termina aquí. Para el mismo estudio, se entrevistó a pequeñas, medianas y grandes empresas nacionales e internacionales pertenecientes a 70 países de África, Asia Europa, Latinoamérica y Oriente Medio, y estas fueron las conclusiones:

Un 54% de las empresas encuestadas afirma haber experimentado "mejoras en materia de creatividad, innovación y apertura" tras incorporar más mujeres en puestos de responsabilidad a sus filas.

Un 57% asegura que la presencia de mujeres en los cargos directivos consigue promover tanto la llegada de nuevo talento a la empresa como la retención del ya existente. Las organizaciones participantes en el estudio también detectan una mejora en su reputación y su imagen externa.

En las empresas en las que se incentiva la igualdad de género en cargos de responsabilidad se observa un repunte en las habilidades interpersonales, tradicionalmente asociadas a perfiles femeninos, como la empatía y la orientación a las personas, y que son claves para el liderazgo." (Trabajo, 2022).

"El incremento en los beneficios no está solo sujeto a la presencia de mujeres en puestos directivos, sino que el volumen de puestos ocupados en toda la empresa también es determinante. Las investigaciones de la Organización Internacional del Trabajo indican que para percibir los efectos positivos del liderazgo femenino y para que estos sean visibles, el porcentaje de mujeres en los puestos de mando debe ser del 30% o superior.

La irrupción de mujeres líderes referentes también es de vital importancia para el impulso de la igualdad en el seno de las organizaciones: el informe confirma que las empresas con una mujer como CEO muestran una mayor diversidad de género en puestos de mando." (Trabajo, 2022).

Otra reflexión obligada, es analizar si una buena manera de escalar posiciones y obtener logros es ser aliadas y trabajar en equipo para promover la igualdad y que mejor manera de conseguirlo que fortaleciendo los lazos de amistad a través de la sororidad y de este modo darse cuenta de que si es posible mejorar en el trabajo; al respecto, encontramos lo siguiente:

"Sororidad en el trabajo. Las mujeres se acostumbraron en sus trabajos a solo estar frente de su escritorio, bajar la cabeza y no mirar a las que le rodean si necesitan algo. Diferentes estudios al interior de las empresas, han logrado evidenciar que la falta de sororidad puede minar la productividad en espacios laborales y reducirles las posibilidades a las mujeres de llegar a cargos de mayor rango en las organizaciones. Lo anterior, porque los hombres tienen un 46 % más de probabilidades de tener un defensor de mayor rango en la oficina, según la economista Sylvia Ann Hewlett, lo que marca una diferencia en la representación a medida que sube el organigrama organizacional." (Brugés, 2021).

"Según un informe de McKinsey de 2016, titulado" Women in the Workplace" en las empresas donde sólo uno de cada 10 líderes son mujeres, señala que casi el 50 % de los hombres sentían que las mujeres estaban "bien representadas" en el liderazgo, porque al parecer lo que percibimos se llega a pensar que está bien o es "normal".

De acuerdo con Anne Welsh McNulty cofundadora y socia gerente de JBK Partners, en su artículo "No subestimes el poder de las mujeres que se apoyan mutuamente en el trabajo", para Harvard Business Review explicó que hay un fenómeno que se le conoce como el síndrome de la "Abeja Reina", que es cuando algunas mujeres de alto nivel se distancian de las mujeres en menores rangos, tal vez, para ser más aceptadas por sus pares masculinos.

Welsh McNulty dice que, desde su experiencia, hay que romper con esas barreras y cultivar las conversaciones entre mujeres, ya que esto tiene enormes beneficios para lograr equipos de trabajo competitivos, evitar la deserción laboral y dar mejores resultados en las ventas." (Brugés, 2021).

La sororidad: un pacto entre mujeres.

Dra. Lizbeth Gabriela Corral Limas.

M.A. Alma Yolanda Morales Corral.

Hay diferentes factores que limitan a las mujeres a ocupar puestos de liderazgo como son los prejuicios, estereotipos, la maternidad, la falta de experiencia y la desigualdad de género; sin embargo, se ha demostrado que el liderazgo femenino es factor importante para fortalecer las organizaciones y está evidenciado que aportan ideas nuevas y son altamente eficientes trabajando en equipo. Con relación a ello, tenemos lo siguiente:

"Fortalecimiento de los liderazgos femeninos a través de la sororidad. Existen diferentes tesis en la literatura sobre las diferencias entre los estilos de liderazgo de hombres y mujeres que se soporta en la experiencia empírica por su participación en organizaciones, no obstante, los científicos sociales argumentan que no existen diferencias entre los estilos, sino que las diferencias radican cuando en los trabajos se incluye la categoría de género como parte de sus análisis (Cuadrado, 2003). En este sentido, es posible reconocer en algunos de estos trabajos una caracterización estereotipada entre hombres y mujeres, mientras que a los hombres se les atribuyen conductas asociadas con la productividad, la eficiencia, la autonomía, la independencia, la competencia, la autoridad jerarquía, un alto control del líder y la solución analítica de problemas; las mujeres se les asocia con rasgos relacionados con aspectos afectivos, emocionales y tendientes a favorecer las relaciones, con un liderazgo caracterizado por la cooperación, la colaboración entre el líder y los subordinados, un bajo control, la resolución de problemas con base en la intuición y la empatía."

(Hernández, 2021).

"De esta manera, creemos que la sororidad es una estrategia que permite a las mujeres construir redes entre las mismas, para desarrollar y potencializar las capacidades individuales, recuperar la memoria y capacidad de pensar, que de acuerdo con Barroso (2007), estas han sido algunas de las privaciones de la historia patriarcal. Incluso, a través de la sororidad se pueden construir alianzas entre mujeres, que les permitan defender los espacios personales y reelaborar las identidades de las mujeres, para desmontar el mito de que ellas no tienen capacidad de organización ni de liderazgo." (Hernández, 2021).

El avance de la mujer ejecutiva en México

Está demostrado que la actividad laboral de la mujer tiene efectos sobre las instituciones y la organización de las empresas y un gran impacto en todos los sectores: en los negocios, la industria y en general en todos los niveles de la actividad económica, por lo que es de suma importancia para alcanzar las metas de desarrollo y es altamente positiva esa incorporación de los liderazgos femeninos en las empresas; es éste un tema de interés porque en un mundo cambiante y su incursión en los puestos ejecutivos adquiere relevancia. A continuación, tenemos las siguientes estadísticas:

"Las mujeres ocupan el 31% de los puestos de alta dirección en México (32% en la OCDE), 7% de los miembros de la junta directiva de las empresas mexicanas son mujeres (10% en la

OCDE), y sólo el 2% de las mujeres mexicanas son empresarias (en comparación con el 6% de los hombres) (Gurría, 2013). Ellas ocupan menos de un tercio de los puestos gerenciales y tienen una participación de 1 mujer por cada 10 hombres en los puestos directivos. (Organización Internacional del Trabajo, 2014ª)." (Camarena, 2018).

"La Asociación Mexicana en Dirección de Recursos Humanos (AMEDIRH), señala que en los últimos 15 años la participación de las mujeres en puestos de dirección en las principales empresas del país avanzó de 43% a 52%. Esto significa que el papel de la mujer en el mundo laboral es crucial para el país, ya que representa una contribución fundamental en el cumplimiento de los objetivos de desarrollo social, educativo, comunitario y económico (Tarango, 2013)." (Camarena, 2018).

"Si se considera a las mujeres en los principales cargos ejecutivos de las grandes empresas en México puede verse que su presencia se concentra, en primer lugar, en ciertas áreas como la dirección de recursos humanos y compras. En segundo y tercer lugar, la presencia de las mujeres ejecutivas también es importante en las direcciones de comunicación y relaciones públicas, y en actividades relacionadas con ventas y finanzas (Zabludovsky, 1997). Al contrario, hay pocas posibilidades de encontrar mujeres en los puestos de decisión relacionados con la producción. Otras actividades donde la mujer tiene escasa participación son en el ámbito jurídico, medio ambiente y control de calidad." (Camarena, 2018)

"Se ha demostrado cómo a medida que se asciende en la pirámide organizacional, la presencia de la mujer disminuye (Hernández,2010). Esta brecha en los cargos de alta dirección se explica tanto por factores culturales compartidos en toda la sociedad, como por elementos específicos relacionados con la cultura organizacional (Zabludovsky, 1997). Según (Martínez (2004). la escasa presencia de mujeres en la dirección de las organizaciones empresariales obedece a dos cuestiones fundamentales: 1. La presencia de empresas dirigidas por mujeres no tiene el peso económico suficiente para que la élite directiva las considere como candidatas potenciales a un puesto de dirección. 2. Las mujeres empresarias no participan activamente, ni muestran interés por hacer política al interior de las cámaras patronales." (Camarena, 2018).

Cómo está posicionada la mujer ejecutiva en México, en relación con otros países en el mundo

"Ocupan las mujeres el 33% de los puestos directivos en México. El Porcentaje de mujeres en puestos directivos en México disminuyó dos puntos con respecto al año pasado y se sitúa en 33% de acuerdo con el informe "Women In Business 2022" publicado por la firma Grant Thornton en el marco del Día Internacional de la Mujer. Este puntaje sitúa a México en un punto medio entre las economías más fuertes del continente, ya que está por debajo de Brasil y por encima de Argentina, que registran 38% y 30% de mujeres directivas respectivamente." (Grant Thornton México, 2022).

"Por su parte, Estados Unidos muestra un 33% al igual que

México y Canadá cuenta con una de las proporciones más bajas de la región, con solo 30%. Si bien el porcentaje de mujeres en puestos directivos en México creció once puntos de 2019 a 2020, cuando se ubicó en 37%, el dato más reciente registra un descenso que puede asociarse a factores de incertidumbre económica y un regreso a la "nueva normalidad." (Grant Thornton México, 2022).

"Para Verónica Galindo, socia de (Grant Thornton México, 2022), resulta importante que las empresas sigan tomando acciones y adoptando mejores prácticas de diversidad para mantener e incrementar los porcentajes de participación en puestos directivos, evitando retrocesos como los que actualmente vemos en México. La investigación completa de Grant Thornton Women in Business 2022 "Abriendo las puertas al talento diverso" (9379kb) destaca la importancia de diversidad de género en los equipos de alto nivel. Revela que los países con la mayor proporción de puestos directivos ocupados por mujeres son Sudáfrica (42%), Turquía (40%) y Malasia (40%). En ranking global, México ocupa la posición 16." (Grant Thornton México, 2022).

"Diversos estudios sostienen que una estrategia corporativa clara para incrementar los beneficios financieros de las empresas y fortalecer el combate a la corrupción es aumentar el número de mujeres en todos los niveles y rangos, pero particularmente en puestos directivos. Experimentos de comportamiento y encuestas apuntan a que las mujeres cuentan con características que las hacen menos propensas a participar en actos de corrupción. Estas investigaciones identificaron que las mujeres tienen mayor aversión al riesgo, son sensibles a indicadores sociales y consideran, en mayor medida que los hombres, que los actos de corrupción son indeseables (Ortiz Monasterio, 2020). Con base en estas evidencias, es posible concluir que incluir a mujeres en puestos directivos podría contribuir a la reducción de actos de corrupción al interior de las empresas." (Castañeda, 2021).

"Sumado a lo anterior, el estudio: "Una ambición. Dos realidades, indica que las empresas que tienen más mujeres en puestos directivos logran obtener hasta 55% mayor rentabilidad y, de acuerdo con México Evalúa. "las empresas que implementan políticas para incrementar la inclusión de mujeres registran 2.3 veces más flujo de efectivo, 1.4 veces más de ventas y 170% mayores alternativas de innovación, en contraste con las empresas que no lo hacen". (Castañeda, 2021).

"A pesar de los beneficios de contar con mujeres en puestos directivos, en México, sólo uno de cada diez asientos en los Comités Ejecutivos es ocupado por mujeres (Mckinsey &Company, 2018) y apenas el 6% de las empresas más importantes del país tienen a una mujer en los puestos de dirección ejecutiva (IC500 2020, MCCI y TM)." (Castañeda, 2021).

A continuación, y como resultado de interesantes estudios, se concluye que el apoyo masculino a las mujeres al realizar específicamente determinadas actividades empresariales en un entorno patriarcal ha dado buenos resultados, lo cual impacta positivamente en la dirección de sus empresas.

"Mujeres empresarias. Empoderamiento empresarial femenino y relaciones sociales en Ameca, Jalisco. Para entender la gestión empresarial femenina, es necesaria una estrategia innovadora que brinde las herramientas para un liderazgo basado en la comunicación, las relaciones sociales y la obtención de capacidades personales que permitan un desenvolvimiento de aquellas mujeres que están inmersas en su rol de empleadas o subordinadas. Para que, de esta manera, ellas puedan sobresalir adaptándose y aprendiendo las competencias que les permitirán colaborar en la organización como tomadoras de decisiones y como líderes de éstas, y que a la par sus empresas puedan impactar positivamente en el desarrollo económico de las localidades donde se ubican (Gómez, 2008). Tomando en cuenta la gestión empresarial, la innovación, y la competitividad, conllevan a mejorar y la toma de decisiones y el liderazgo en las empresas." (Ramírez Sara J., 2019).

En ese sentido, "las organizaciones son como organismos vivientes, que interactúan, socializan y aprenden. Pero sobre todo son los lideres quienes toman decisiones, están conscientes de que las personas son el tejido social de la organización, y son ellas quienes poseen el conocimiento, el reto es lograr que permanezcan en la organización innovando" (Peña, Velázquez & Rincón 2018). Sin embargo, para la adquisición del rol de liderazgo y decisión, es necesario en primera medida que aparezca un contexto propicio para el empoderamiento, en el cual surgen las herramientas para potencializar el talento del colaborador partiendo del nivel individual, que después de desarrollar las habilidades mencionadas, pasa a ser un empoderamiento empresarial (Cálix, 2016). Así se reconoce al empoderamiento empresarial, como el desarrollo de habilidades, capacidades y competencias personales como la comunicación, la organización, la dirección, el control, entre otros; que el individuo logra obtener a partir de relaciones sociales con el fin de lograr un rol de liderazgo dentro de una empresa y/o comunidad. (Ramírez Sara J., 2019).

Conclusiones: El presente estudio ha demostrado que en una sociedad donde aún impera el patriarcado y la tradición es dictada por el sexo masculino, las mujeres han logrado retomar sus capacidades de decisión, liderazgo e innovación con el fin de dirigir empresas de renombre dentro de campos considerados meramente masculinos. Sin embargo, resalta el hecho de que, a pesar del liderazgo que las mujeres amequences ostentan, siguen considerando como parte fundamental la opinión, el respaldo y las acciones realizadas por los hombres del campo donde se desenvuelven, para que con base en esas opiniones y acciones ellas puedan tomar las decisiones concernientes a sus empresas y a sus vidas en general (Ramírez Sara J., 2019).

La solidaridad en el ámbito político de las mujeres

Considero que no es sencillo hacer carrera política, pero la preparación académica y el trabajo en equipo en sororidad hacen la diferencia, y el ser elegidas para ocupar puestos de elección popular, es una oportunidad que nos brinda la ciudadanía para aportar al desarrollo del país y contribuir con talento y responsabilidad a crear una sociedad más justa e incluyente.

"Sororidad, un pacto entre mujeres y para mujeres" "En el ámbito político, la legislación deja muy claro que la participación de las mujeres ya no está limitada. Habrá de respetarse la igualdad, la paridad de género y los derechos humanos y políticos de las mujeres contendientes en procesos de elección, esto gracias a las reformas sobre paridad. La sororidad es pieza fundamental para asegurar la efectividad de los derechos de las mujeres desde una perspectiva intercultural. Asegura que los procesos futuros se lleven en paz y con civilidad por parte de las actoras y de sus equipos de apoyo. Hasta hace poco, la unión entre mujeres no era posible dentro del sistema patriarcal, pero el movimiento feminista creó el contexto para que esta unión fuese posible. En la experiencia política la sororidad facilita el logro de la cohesión afectiva y próxima entre mujeres." (Delgadillo, 2022).

"La sororidad tiene un principio de reciprocidad que potencia la diversidad. Implica compartir recursos, tareas, acciones, éxitos y cuidados. La admisión de la igual valía se basa en el reconocimiento de la condición humana de todas desde una realidad palpable." (Delgadillo, 2022).

"Desde hace tiempo, las mujeres ya no solamente se apoyan para vivir en una sintonía subyacente de género. Hemos ido pactando y nuestros pactos han creado un lenguaje con perspectiva de género. Desde hace varios años las legisladoras crean e impulsan una agenda de género concreta. No es una casualidad, ni una rareza que las mujeres hagan pactos cuando se encuentran en lo público, prueba de ello es la creación dentro del Poder Legislativo de la Comisión de Igualdad, el Centro de Estudios para el Logro de la Igualdad de Género y el Grupo Plural de Igualdad Sustantiva. Promueven la agenda de género, la pluralidad y sororidad fuera de ideologías partidistas." (Delgadillo, 2022).

"El uso del lenguaje incluyente e inclusivo está por encima de las reglas de la lingüística y las maneras de relacionarse para lograr el acuerdo de intervenir, proponer, impulsar o ejecutar tantas cosas. Pacto, agenda y ciudadanía van de la mano. Tienen sus antecedentes en el apoyo solidario directo, privado, tantas veces clandestino y subversivo, entre una y otra. No se pierde de vista que ha sido en lo público donde se dialoga para lograr avances sustantivos." (Delgadillo, 2022).

CONCLUSIONES

Lo que vivimos actualmente es el resultado de nuestra historia, de nuestra cultura, de nuestra formación y de los valores que nos inculcaron en el hogar; es importante tener claro que hay que saber aprovechar ventajas y capacidades y transitar solidariamente en el mundo laboral, integrando diferentes perspectivas para romper paradigmas tales como los liderazgos reservados antiguamente para los hombres en muchos ámbitos, pero específicamente en los sindicatos, las empresas y la política.

Se requiere que las mujeres en hermandad solidaria se apoyen para crecer juntas; tenemos el antecedente de que históricamente venían compitiendo entre sí para ocupar los puestos de liderazgo en el sector empresarial ya que eran pocos en los que se contemplaba que fueran ocupados por mujeres y se competía, en lugar de ser solidarias. Por otra parte, en los organismos sindicales las mujeres se habían venido acostumbrando tradicionalmente a ser aceptadas y moderadamente toleradas por los líderes sindicales y por sus compañeros; en ese proceso también se requiere avanzar y exigir un alto a esa discriminación histórica, ahora que ya se cuenta con una legislación laboral que establece un reconocimiento efectivo al tener cláusulas de inclusión y representatividad do las mujeres.

En política, la sororidad ha impulsado también la acción de las mujeres y si bien ha habido logros importantes y el reconocimiento de sus derechos en el sistema normativo, no es suficiente y resulta indispensable la protección de esos derechos; pero aún faltan muchos logros y también una mayor visibilización por lo que se refiere a sus derechos políticos, para que sin distingos por sus preferencias, ideologías, color de piel, raza, escolaridad y cultura, tengan acceso a una participación política en igualdad de condiciones. Afortunadamente, se ha ido evolucionando y las nuevas generaciones cada vez están más convencidas de que es importante para las mujeres apoyarse y crecer juntas. Un factor de ayuda para ellas es saber canalizar adecuadamente las emociones para salir adelante y construir y desarrollar equipos de trabajo para lograr los objetivos trazados; tenemos que evolucionar también en las universidades convencidas del beneficio para las propias jóvenes de apoyarse unas a otras.

En muchas ocasiones, a las mujeres no se les perdona fallar, se carga desde la infancia con ese sentido de perfección como el ser la más hacendosa y la mejor cocinera que apoya en las labores del hogar, para posteriormente prepararse para ser la madre perfecta.

Es momento de transformar y dejar de reproducir estereotipos tales como el de que el peor enemigo de las mujeres es otra mujer. Actualmente, estamos viviendo una transición de esas ideas del pasado que en muchos casos todavía siguen existiendo y es un doble esfuerzo el que hay que manejar ya que la discriminación de mujeres, aunque en menor medida,

La sororidad: un pacto entre mujeres.

Dra. Lizbeth Gabriela Corral Limas.

M.A. Alma Yolanda Morales Corral.

sigue existiendo y para superarla, es fundamental transitar en sororidad y en fraternidad; afortunadamente ya hay una generación de jóvenes a las que no les parecen insalvables los obstáculos que se tenían anteriormente y cada vez en menor medida ellas compiten unas con otras, sobre todo cuando se organizan y forman las redes de apoyo que se dan en distintos niveles sociales, conformadas por mujeres que trabajan y se ayudan entre sí en muchos aspectos: desde cuidar a los niños, recogerlos de la escuela e inclusive en algunos lugares forman centros de capacitación para crecer juntas, con ese sentimiento de ser congéneres; la aspiración es hacer de la sororidad un principio universal y actuar permanentemente en la cultura del buen trato. La sororidad no es decirles a las demás cómo lo tienen que hacer y cómo tienen que pensar; hay que generar conciencia y confianza para superar también la brecha salarial entre hombres y mujeres que se da en muchos casos porque cuando se presenta la oportunidad de ascender en el trabajo, ellas desde el inicio no negocian adecuadamente quizá por tener cierta inseguridad y temor a que no se les considere para ocupar mejores posiciones. Estamos convencidas de que gran parte de lo que se vive en el mundo laboral, en el mundo ejecutivo y en la política, influirá positivamente para las mujeres en la medida que logren generar esa confianza y esa seguridad en sí mismas.

En definitiva, por la sororidad podemos ser más fuertes; la pandemia nos enseñó que sí podemos sobrevivir y dar más pasos adelante y como humanidad salir del caos que hemos vivido; ser líderes con ejemplo, vivir con base en creencias, valores y sumando a las mujeres que podamos para ayudarnos y ayudar a los demás sin discriminar a los hombres.

Necesitamos convertirnos en aliadas de otras mujeres, no nacimos para ser enemigas, construyamos la visión de que juntas podemos más y lo podremos todo, aprovechemos la diversidad que existe entre nosotras para enriquecernos y alcanzar metas mayores, para incorporarnos en nuevos ámbitos y sobre todo, para crecer como grupo.

Convirtámonos en esas mujeres a las que admiramos, seamos solidarias, empáticas, aliadas, aplaudamos sus logros y hagamos que la lucha de una, sea la lucha de todas, seamos sororas en todo momento y circunstancia.

La sororidad: un pacto entre mujeres.

Dra. Lizbeth Gabriela Corral Limas.

M.A. Alma Yolanda Morales Corral.

"Desde hace tiempo, las mujeres ya no sólo nos apoyamos a vivir en una sintonía subterránea de género. Hemos ido pactando y nuestros pactos han tenido lenguaje. La agenda concreta el pacto. No es una casualidad que las mujeres hagamos pactos cuando nos encontramos en lo público y ahí están el lenguaje y las maneras de relacionarse para lograr el acuerdo de intervenir, proponer, impulsar o ejecutar tantas cosas. Pacto, agenda y ciudadanía van de la mano. Tienen sus antecedentes en el apoyo solidario directo, privado, tantas veces clandestino y subversivo entre una y otra. Pero ha sido en lo público donde hemos debido dialogar con quienes nos unen lazos familiares o de amistad, sino la voluntad política de género. Sólo en condiciones de modernidad las mujeres hemos pactado. La agenda y la ciudadanía no han sido indumentaria tradicional de género para las mujeres. Por el contrario, la práctica de agendar es subsidiaria al reconocimiento de la otra y la ciudadanía implica la pertenencia."

Marcela Lagarde

https://www.asociacionag.org.ar/pdfaportes/25/09.pdf

La sororidad: un pacto entre mujeres.

Dra. Lizbeth Gabriela Corral Limas.

M.A. Alma Yolanda Morales Corral.

" Yo con las mujeres de mi alrededor no compito, nos construimos, y me dan la mano cuando voy última.

A mí no me dan envidia: las admiro, a todas, porque cada una lucha incansable para llegar donde dijeron que no podían.

Las mujeres que yo conozco educan, piensan, hacen vuela. Han dejado de decirse que son ellas las malas. "

Autora desconocida

(Maggi, 2017)

La sororidad: un pacto entre mujeres.
Dra. Lizbeth Gabriela Corral Limas.
M.A. Alma Yolanda Morales Corral.

SORORIDAD

"Amistad entre mujeres diferentes y pares, cómplices que se proponen trabajar, crear y convencer, que se encuentran y reconocen en el feminismo, para vivir la vida con un sentido profundamente libertario".

Marcela Lagarde

www.mujeresparalasalud.org

La sororidad: un pacto entre mujeres.

Dra. Lizbeth Gabriela Corral Limas.
M.A. Alma Yolanda Morales Corral.

"No les deseo (a las mujeres) que tengan poder sobre los hombres, sino sobre sí mismas."

Mary Wollstonecraft

Filósofa y escritora inglesa (1759-1797)

BIBLIOGRAFÍA

AGENCIA CUBANA DE NOTICIAS. (12 de 11 de 2019). *AGENCIA CUBANA DE NOTICIAS*. Recuperado el 01 de 12 de 2022, de http://www.acn.cu/curiosidades/51835-sororidad-mas-que-un-neologismo-fotos

Anderson, B. (12 de 09 de 2021). *YOTAMBIEN.MX*. Recuperado el 01 de 12 de 2022, de https://www.yotambien.mx/actualidad/sororidad-organizaciones-que-apoyan-a-mujeres-con-discapacidad/

Arreola, X. F. (12 y 13 de noviembre de 2020). La armonización familiar y laboral. Más allá de la norma. (I. T. Sonora, Ed.) *El Buzón de Pacioli, Año XX*(114), 67-70. doi:2594-2026

Brugés, L. (08 de marzo de 2021). Sororidad en el trabajo. (I. T. Monterrey, Ed.) *Tec Review*. Recuperado el 03 de diciembre de 2022, de https://tecreview.tec.mx/2021/03/08/liderazgo-1/sororidad/

Camarena, M. S. (ene/junio de 2018). El techo de cristal en México. *La ventana. Revista de estudios de género,,* 5(47), 312-347. Recuperado el 2 de diciembre de 2022, de https://www.scielo.org.mx/scielo.php?script=sci_arttext&pid=S1405-94362018000100312

Carbonell, M. (1 de noviembre de 2022). *El avance de la reforma laboral*. Recuperado el 1 de diciembre de 2022, de https://miguelcarbonell.me/2022/11/01/el-avance-de-la-reforma-laboral/

Castañeda, R. (11 de marzo de 2021). Empresas, corrupción y mujeres. *Nexos*. Recuperado el 02 de diciembre de 2022, de https://anticorrupcion.nexos.com.mx/empresas-corrupcion-y-mujeres/

CETYS CAMPUS MEXICALI. (08 de 03 de 2021). *www.cetys.mx*. Recuperado el 29 de 11 de 2022, de https://www.cetys.mx/noticias/que-es-la-sororidad-y-por-que-vivirla/

Chen, C. (21 de 05 de 2019). *https://www.significados.com/*. Recuperado el 15 de 11 de 2022, de https://www.significados.com/sororidad/

Congreso de la Unión. (2019). Gobierno de México. En *Ley Federal del Trabajo* (págs. 96, 103). México: Diario Oficial de la Federación. Recuperado el 1 de diciembre de 2022, de https://www.diputados.gob.mx/LeyesBiblio/pdf/LFT.pdf

CONGRESO DEL ESTADO DE VERACRUZ. (s.f.). *www.legisver.gob.mx*. Recuperado el 28 de 11 de 2022, de https://www.legisver.gob.mx/equidadNotas/publicacio nLXIII/Sororidad.pdf

Delgadillo, P. T. (Enero de 2022). Sororidad, pacto entre mujeres y para mujeres. (L. I. Cámara de Diputados, Ed.) *Legislar con perspectiva de género*(125), 51-53. Recuperado el 03 de Diciembre de 2022

El feminismo . (s.f.). *El feminismo Web feminista para mujeres*. Recuperado el 28 de 11 de 2022, de

La sororidad: un pacto entre mujeres.
Dra. Lizbeth Gabriela Corral Limas.
M.A. Alma Yolanda Morales Corral.
https://elfeminismo.com/conceptos-del-feminismo/sororidad-concepto-definicion-origen-y-tipos/

Fernández, M. (9 de Julio de 2018). El reconocimiento de los derechos laborales de las mujeres durante el siglo XX fue desigual. *El Mirador*. Recuperado el 1 de diciembre de 2022, de https://www.periodicomirador.com/2018/07/09/el-reconocimiento-de-los-derechos-laborales-de-las-mujeres-durante-el-siglo-xx-fue-desigual/

Grant Thornton México. (2022). *Ocupan mujeres el 33% de puestos directivos en México.* Prensa, Ciudad de México. Recuperado el 02 de diciembre de 2022, de https://www.grantthornton.mx/prensa/marzo-2022/ocupan-mujeres-33-puestos-directivos/#:

Harvard business review. (2020). *La sororidad y su papel fundamental en el éxito de las empresas.* Esan graduate school of business, Conexion esan. business, Esan graduate school of. Recuperado el 1 de diciembre de 2020, de https://www.esan.edu.pe/conexion-esan/la-sororidad-y-su-papel-fundamental-en-el-exito-de-las-empresas

Hernández, T. (diciembre de 2021). El empoderamiento y la sororidad en los liderazgos femeninos: un estudio exploratorio en mujeres ejecutivas. *Liderazgo e innovación. mujeres en acción*. Recuperado el 2 de diciembre de 2022, de https://www.researchgate.net/profile/Tania-Hernandez-20/publication/359401323_El_empoderamiento_y_la_s ororidad_en_los_liderazgos_femeninos_un_estudio_ex ploratorio%20_en_mujeres_ejecutivas/links/623a0d5c5 d09d76bfd07bbc5/El-empoderamiento-y-la-sororidad-en-

Juárez, B. (20 de septiembre de 2022). Sindicalismo y machismo: mujeres dirigentes hablan de las barreras que enfrentan. *El Economista*. Recuperado el 1 de diciembre de 2022, de https://www.eleconomista.com.mx/capitalhumano/Sin dicalismo-y-machismo-Mujeres-dirigentes-hablan-de-las-barreras-que-enfrentan-20220919-0097.html

Lagarde, M. (s.f.). *www.asociacionag.org.ar*. Recuperado el 30 de 11 de 2022, de https://www.asociacionag.org.ar/pdfaportes/25/09.pdf

Maggi, M. (26 de 08 de 2017). *Onda feminista*. Recuperado el 29 de 11 de 2022, de https://ondafeminista.com/2017/08/26/sororidad-nos-ensenaron-a-ser-rivales-pero-decidimos-ser-aliadas/

María Teresa Fernández Aceves. (9 de Julio de 2018). El reconocimiento de los derechos laborales de las mujeres durante el siglo XX fue desigual. *El Mirador*. Recuperado el 1 de diciembre de 2022, de https://www.periodicomirador.com/2018/07/09/el-reconocimiento-de-los-derechos-laborales-de-las-mujeres-durante-el-siglo-xx-fue-desigual/

Martinez, M. d. (3 de abril de 2022). La presencia de las mujeres en las dirigencias sindicales muestra un limitado avence. *El Economista*. Recuperado el 1 de diciembre de 2022, de https://www.eleconomista.com.mx/empresas/La-presencia-de-las-mujeres-en-las-dirigencias-sindicales--muestra-un-limitado-avance-20220403-0014.html

México, G. d. (2019). *Reforma Laboral impulsará presencia de mujeres en puestos de dirección sindical.* Boletín, Secretaría de Trabajo y Previsión Social. Recuperado el 1 de diciembre de 2022, de https://www.gob.mx/stps/prensa/reforma-laboral-impulsara-presencia-de-mujeres-en-puestos-de-direccion-sindical#:~:text=La%20Reforma%20Laboral%20permitir%C3%A1%20impulsar,principio%20de%20paridad%20de%20g%C3%A9nero.

OAXACA.GOB.MX. (01 de 10 de 2021). *OAXACA.GOB.MX.* Recuperado el 06 de 12 de 2022, de https://www.oaxaca.gob.mx/comunicacion/promueven-la-sororidad-entre-personal-de-administracion/

Observadores de Derechos Humanos. (2019). *Observadores de Derechos Humanos.* Recuperado el 01 de 12 de 2022, de https://observadoresddhh.org/wp-content/uploads/2019/09/declaracion_derechos_mujer.pdf

OEA CIM MESECVI. (2020). *La participación de las mujeres en el ámbito sindical.* (C. I. Mujeres, Ed.) Secretaría General de la Organización de los Estados Americanos (SG/OEA): Comisión Interamericana de Mujeres (CIM). Obtenido de http://www.oas.org/es/CIM/docs/MujeresDerechosSindicales-ES.pdf

ONU, O. M. (2011). *Principios para el Empoderamiento de las Mujeres. La igualdad un buen negocio.* United Nations Global Compact. Pacto Mundial Red Española. Recuperado el 1 de diciembre de 2022, de https://www.pactomundial.org/biblioteca/principios-de-empoderamiento-de-la-mujer/

Programa de las Naciones Unidas para el Desarrollo (PNUD) en México. (21 de 09 de 2022). *Programa de las Naciones Unidas para el Desarrollo (PNUD) en México.* Recuperado el 02 de 12 de 2022, de https://www.undp.org/es/mexico/comunicados-de-prensa/mujeres-mayas-tzotziles-de-chuchilton-crean-red-de-sororidad-para-abordar-situaciones-de-violencia-y-asegurar

Ramírez Sara J., C. M. (2019). Mujeres empresarias. Empoderamiento empresarial femenino y relaciones sociales en Ameca, Jalisco. *Innova, ITFIP, 5*(1), 6-14. Recuperado el 02 de diciembre de 2022, de https://dialnet.unirioja.es/servlet/articulo?codigo=7964698

Ramírez, G. (2015). *Cátedra UNESCO de Derechos Humanos de la UNAM.* Recuperado el 30 de 11 de 2022, de https://catedraunescodh.unam.mx/catedra/catedra/materiales/u1_cuaderno2_trabajo.pdf

REAL ACADEMIA ESPAÑOLA. (15 de 11 de 2022). *https://dle.rae.es.* Obtenido de REAL ACADEMIA ESPAÑOLA: https://dle.rae.es/sororidad

Redacción El Ancasti. (24 de 10 de 2021). *El Ancasti.* Recuperado el 29 de 11 de 2022, de https://www.elancasti.com.ar/revista-express/2021/10/24/como-ser-sororas-481833.html

SAN ANDRÉS CHOLULA PUEBLA. (26 de 05 de 2022). *SAN ANDRÉS CHOLULA PUEBLA.* Recuperado el 01 de 12 de 2022, de https://sach.gob.mx/pone-en-marchaayuntamiento-talleres-redes-de-sororidad-para-mujeres-sanandresenas/

Secretaría de las Mujeres. (31 de 03 de 2022). *Secretaría de las Mujeres*. Recuperado el 01 de 12 de 2022, de https://ne-np.facebook.com/photo/?fbid=5349902681689029&set=-la-historia-nos-ha-dicho-que-el-peor-enemigo-de-una-mujer-es-otra-mujer-que-las

Trabajo, O. I. (24 de febrero de 2022). *Santander Becas*. (S. Universidades, Editor) Recuperado el 2 de diciembre de 2022, de Los beneficios de la presencia de mujeres lideres en las empresas: https://www.becas-santander.com/es/blog/liderazgo-femenino.html

Zabludovsky, G. (ene./abr. de 2015). Las mujeres en los ámbitos de poder economico y político en México. (U. N. México, Ed.) *Revista mexicana de ciencias politicas y sociales, 60*(223). Recuperado el 2 de diciembre de 2022, de https://dialnet.unirioja.es/servlet/articulo?codigo=4933561

La sororidad: un pacto entre mujeres.

Dra. Lizbeth Gabriela Corral Limas.
M.A. Alma Yolanda Morales Corral.

ACERCA DE LAS AUTORAS

Lizbeth Gabriela Corral Limas, es Doctora en Administración, cuenta con una Maestría en Administración con Especialidad en Recursos Humanos y una Licenciatura en Administración Pública y Ciencia Política, los tres grados por la Universidad Autónoma de Chihuahua y en los tres grados recibiendo el reconocimiento como el mejor promedio de su generación.

Cuenta con más de dos décadas de experiencia profesional en el sector público y de trayectoria en el ámbito político.

Ha ocupado diversos cargos a nivel directivo en la administración pública, en los tres niveles de gobierno y se ha desempeñado también a nivel directivo en el sector privado, fue Diputada Local del Congreso del Estado de Chihuahua y actualmente se desempeña profesionalmente en el sector privado y como Docente en la Universidad Autónoma de Chihuahua, en la Facultad de Ciencias Políticas y Sociales, impartiendo cátedra en las Licenciaturas en Administración Pública y Ciencia Política, Relaciones Internacionales y Ciencias de la Comunicación, y en el posgrado de la misma facultad, en la Maestría en Administración.

Cuenta con un libro publicado en coautoría "La Política ya es asunto de mujeres", una colaboración en el libro "Problemas y Retos del Desarrollo en América Latina", además de publicaciones de artículos en revistas internacionales.

Además, durante su desempeño profesional, ha tomado diversos diplomados, cursos y talleres sobre administración, política, gobierno, género y docencia, y ha participado en eventos académicos y conferencias.

La sororidad: un pacto entre mujeres.

Dra. Lizbeth Gabriela Corral Limas.
M.A. Alma Yolanda Morales Corral.

Alma Yolanda Morales Corral, es Licenciada en Derecho y Maestra en Administración con Especialidad en Recursos Humanos por la Universidad Autónoma de Chihuahua. Actualmente es Docente de tiempo completo en la Facultad de Ciencias Políticas y Sociales de la U.A.CH. en donde imparte las cátedras de Administración Federal y Estatal, Sistemas Políticos y Sistema Político Mexicano entre otras; y en el Posgrado de la misma Facultad, imparte la cátedra de Marco General de la Administración Pública.

Es colaboradora del Cuerpo académico en consolidación: Estudios de Desarrollo Regional y Sustentable. Temas de interés: Ciencias Sociales y Administrativas.

Tiene amplia experiencia profesional en el sector público y privado, y ha ocupado diversos cargos a nivel directivo en la administración pública federal, estatal y municipal; fue Diputada Local del Congreso del Estado de Chihuahua, Regidora del Municipio de Juárez, Presidenta Titular de la Junta Local de Conciliación y Arbitraje en Ciudad Juárez entre otros, y ha sido abogada postulante en el sector privado.

Además, cuenta con diplomados y cursos sobre diversos temas como: Diplomado en liderazgo y empoderamiento político de la mujer, Diplomado en derecho electoral, Diplomado de derechos humanos desde la perspectiva de género, Curso sobre derechos humanos y género, Taller sobre perspectiva de género y análisis de sentencias, entre otros y ha publicado artículos en revistas nacionales e internacionales sobre mujer y política y participado en diversos eventos y conferencias sobre el mismo tópico.

La sororidad: un pacto entre mujeres.

Dra. Lizbeth Gabriela Corral Limas.
M.A. Alma Yolanda Morales Corral.

La sororidad es nuestra mejor arma…¡utilízala!

Dra. Lizbeth Gabriela Corral Limas.